Inteligencia Sexual

Inteligencia Sexual

El Próximo Nivel

Dra. Wanda Bonet-Gascot

Para realizar pedidos de este libro, contacte con:
Palibrio
1663 Liberty Drive, Suite 200
Bloomington, IN 47403
Gratis desde EE. UU. al 877.407.5847
Gratis desde México al 01.800.288.2243
Gratis desde España al 900.866.949
Desde otro país al +1.812.671.9757
Fax: 01.812.355.1576
ventas@palibrio.com
744963

ÍNDICE

Dedicatoria

Dedicado a Tí que Decidiste Educarte

"Mi pueblo perece for falta de conocimiento" – Oseas 4:6

Agradecimiento

Vivir en gratitud …

Gracias a Dios por la sabíduria, entendimiento, don de palabra, fortaleza, conocimiento, compasión y valentía para educar en este tema tan complejo.

Gracias a mi esposo, Carlos D Chinea, por ser mi pareja energética y apoyar mi misión de educar a la sociedad en el tema de inteligencia sexual.

Gracias a mis hijos, Carlos Juan y David, por ser mi inspiración.

Gracias a mi familia, amigos, estudiantes, "coaches" y colegas por su compañía en este caminar que llamamos "Próposito de Vida".

Gracias a Tí por ser parte de mi legado.

Prefacio

La inteligencia sexual, es un despertar a lo que en realidad es la sexualidad. Crecer en este campo, nos llena de felicidad, estabilidad y paz. Es un camino hacia la iluminación divina, de acuerdo a la tradición esotérica del Tantra. Recordemos que el acto sexual es el único medio natural por el cual podemos dar vida. El papa Juan Pablo II, en sus catequesis sobre la teología del cuerpo, nos da una idea del valor que tiene el cuerpo humano y la sexualidad. No es un secreto de que somos sexuales y ademas, somos los únicos animales sobre la tierra, dispuestos a tener sexo los 365 días del año y en cualquiera de las 24 horas del día. El sexo sin inteligencia es simplemente sexualidad animal. Los seres humanos damos y nos damos placer por este medio, pero requiere tener conocimiento para que en realidad se obtengan estos placeres. Nacemos ignorantes de todo, recorremos años de nuestras vidas educándonos en diferentes campos. Lastimosamente, el miedo inculcado a la sexualidad, los tabues, los señalamientos y hasta la manera de hacer ver el sexo como un pecado ante Dios, ha hecho que seamos analfabetas en este tema. Las doctrinas en su afán de controlar a sus subditos, crean jaulas de miedo encerrándolos y convirtiendolos en seres infelices sexualmente hablando.

Son los miedos y el bloqueo del primer chakra, el principal problema a solucionar para comenzar el camino de la inteligencia sexual. Tenemos miedo de hablar de sexualidad, miedo de ser juzgados y que nos veamos como seres que viven en una orgía descontrolada, nos da pánico reconocer la existencia de una hormona sexual y hablar de placer, miedo de decir que nos gusta y como nos gusta, o de preguntar a tu pareja, que te gusta y como te gusta.

Este silencio nos esta matando en vida. El cuerpo es para disfrutar y sentir. La única manera que tenemos para sentir es nuestro cuerpo, nuestros sentidos nos permiten disfrutar de los placeres de la vida. Todo esto, con el debido respeto hacia nuestro templo, o sea nuestro cuerpo. He ahí la importancia de que nos convirtamos sexualmente inteligentes. O a caso, ¿no te gusta tener sexo?

El ignorante es victima de su ignorancia. No puedes juzgar algo sin vivirlo, no puedes disfrutar algo sin sentirlo. Dr Wanda Bonet-Gascot, una experta en inteligencia emocional y creadora del concepto de inteligencia emocional holística, nos trae una nueva enseñanza, la inteligencia sexual. Actualmente, estamos en riesgo de morir por ignorancia sexual. Nuestros jóvenes no tienen un concepto claro de lo que es la sexualidad y el respeto a sus cuerpos, que son don divino del creador, según lo explica la teología del cuerpo. Enfermedades, embarazos, abortos, promiscuidad, prostitución, entre otros temas que afectan la sociedad actualmente, son simplemente el resultado de una falta de educación sexual y emocional. En este libro, se encuentra una fuente de aprendizaje totalmente profesional, directa y sin miedos.

Mi pregunta es… ¿Estas preparado para crecer espiritual, física y sexualmente? Si tu respuesta es "Si", entonces, bienvenido al maravilloso mundo de la libertad, la felicidad, la inteligencia sexual bien llamada, el próximo nivel.

Milton Valderrama
Autor del Libro *La Jaula de Miedo*

Introducción

Por los últimos años hemos estado compartiendo conocimiento y herramientas para el manejo saludable de tus emociones mediante el concepto de inteligencia emocional holística... ahora te presento el próximo nivel: Inteligencia Sexual.

Como recordaras, Inteligencia Emocional es la habilidad consciente para manejar nuestras emociones de una manera saludable y esta basado en cuatro pilares fundamentales: auto-conocimiento, auto-manejo, consciencia social y relaciones interpersonales. Es un concepto acuñado en 1990 por los investigadores John Salovey y Peter Mayer, pero realmente podemos encontrar sus raíces hace miles de años cuando Aristoteles dijo: *"Educar la mente sin educar el corazón no es educación en absoluto"*.

Bajo el concepto de inteligencia emocional se han desarrollando varios métodos de cuantificación, modelos y libros. Se distingue el libro de Daniel Goleman publicado en 1995, *"Inteligencia Emocional"*, donde él establece que inteligencia emocional es más importante que inteligencia intelectual en el desarrollo personal y profesional del individuo.

En 2002, los profesores e investigadores de la Universidad de Massachussets, Sheree Conrad y Michael Milburn acuñaron el concepto, Inteligencia Sexual. Ellos establecieron que la dimensión erotica de cada persona está determinada por su coeficiente de inteligencia sexual, que constituye una parte de nuestra capacidad intelectual, tan importante como la inteligencia emocional.

La historia continua….

En 2013, Dr. Wanda Bonet-Gascot, conocida como Dr. W, acuño el concepto de inteligencia emocional holística. Dr. W tradujo los pilares de inteligencia emocional en términos energéticos y desarrolló el modelo de Inteligencia Emocional Holística. Un modelo que hace tangible los beneficios de practicar inteligencia emocional: salud, productividad (dinero) y relaciones interpersonales (familia, amigos e intimidad). Los cuatro pilares de inteligencia emocional holística se definen de la siguiente manera:

- Descubrir y sentir tu energía (auto conocimiento)

- Aumentar y fortalecer tu energía (auto manejo)

- Valorar y proteger tu energía (consciencia social)

- Expandir y disfrutar tu energía (relaciones interpersonales)

Aunque la energía se puede expandir y disfrutar en diferentes escenarios, el cuarto pilar del modelo de inteligencia emocional holística nos abre las puertas para llegar al próximo nivel: **Inteligencia Sexual.**

Experimentar "Mobius" (alineamiento energético), expandir la burbuja energética (campo electromagnético) con nuestra pareja para disfrutar la liberación de la mayor cantidad de energía sexual de forma sincronizada y orgásmica, es la meta consciente de personas sexualmente inteligentes. Uno de los requisitos para poder alinear, expandir y disfrutar la energía sexual contenida en nuestros centros energéticos es la armonía alcanzada a través del aprendizaje y práctica del manejo de nuestras emociones enseñado en inteligencia emocional holística.

Con este libro, quiero darte la bienvenida a una nueva aventura. Una aventura llena de conocimiento, plenitud física, emocional y espiritual…. Bienvenido a Inteligencia Sexual…El Próximo Nivel

El proceso de Descubrir, Aprender, Practicar y "Master" (Dominar) Inteligencia Sexual es simple, pero requiere disciplina y compromiso. Pero, FELICITACIONES, con solo el hecho de adquirir este libro ya comenzaste tu proceso.

Ahora, es tu decisión… ¿Que vas a hacer? Aprender… Practicar…. "Master" …

Si decides Aprender… este libro te ofrece conocimiento básico para desarrollar una base fuerte y poder disfrutar tu proceso. Otra opción es participar de nuestros seminarios, talleres y retiros.

Realmente, la clave es practicar lo aprendido. La teoría es recomendada, pero no compara con las experiencias y memorias.

Solo llegarás a "Master" Inteligencia Sexual cuando alcanzes un nivel balanceado entre la teoría y practica. Pero recuerda que Inteligencia Sexual es una de las áreas de la vida donde nunca terminamos de aprender.

Disfruta tu caminar en Inteligencia Sexual y bienvenido al próximo nivel – Dr. W

Parte I

¿Estas Listo para llegar al Próximo Nivel?

Aprender y practicar *Inteligencia Emocional Holística* es un requisito fundamental para llegar al próximo nivel. Sin duda alguna, para poder alinear, expandir y disfrutar la energía sexual contenida en los centros energéticos con tu pareja es necesaria la armonía alcanzada a través del manejo saludable de las emociones asociadas a tus centros energéticos.

En este capítulo te presentaremos un compendio básico que no remplaza el aprendizaje formal de Inteligencia Emocional Holística. Es impresindible que leas o repases mi libro: *"Inteligencia Emocional Holística, Es todo sobre Energía"* o participes del curso de Inteligencia Emocional Holística ofrecido en DRW Life Skills Institute.

Como recordaras, en Inteligencia Emocional Holística aprendiste destrezas y obtuviste herramientas para el manejo saludable de las siete emociones asociadas a los centros energéticos y como minimizar o evitar bloqueos energéticos en cualquiera de las ocho áreas de la salud holística. Los bloqueos energéticos causados por emociones no manejadas inteligentemente nos desgastan e impiden el alineamiento energético o Mobius.

Compendio Básico:

El modelo de Inteligencia Emocional Holística fue desarrollado por Dr. W después de más de 10,000 horas de práctica en medicina energética. Dr. W validó la relación entre siete emociones y los bloqueos en los siete centros energéticos presentados en el libro "Medicina Energética, Manual para conseguir el equilibrio energético del cuerpo para una excelente salud, alegría y vitalidad" de Donna Even.

Even, en su libro, indica que son más de 80,000 los centros energéticos que se distribuyen por todo el cuerpo, pero los principales son siete. Estos están distribuidos y perfectamente alineados entre la parte más baja de la columna vertebral y la parte más alta de la cabeza. Cada una de esas "ruedas invisibles" o "chakras", como también se les conoce, tiene una función especial.

Para comprender la existencia de la energía, debemos optar por la visión holística del cuerpo humano u optar por la manera científica, donde Albert Einstein, con su famosa ecuación $E = m \times C2$ nos demostró que **Todo es energía**.

Los chakras es uno de los sistemas responsables del flujo energético en el cuerpo humano. Su función principal es absorber la energía, metabolizarla, distribuirla alimentando nuestro campo energético y finalmente emitir energía al exterior.

Cada chakra, está vinculado con una emoción. El flujo armónico de cada chakra y entre los chakras es sinónimo de buena salud y crecimiento personal.

Cuando los chakras están bloqueados, su brillo y su color disminuyen, también la dirección en su giro varía, siendo esta en dirección contraria a las agujas del reloj y por supuesto aparecen síntomas físicos y emocionales, afectando la calidad de vida y el alineamiento energético o "Mobius".

El modelo desarrollado por Dr. W nos provee una metología para identificar y manejar inteligentemente las siete emociones que nos bloquean nuestros centros energéticos en cualquiera de las ocho áreas de la salud holística: intelectual, emocional, individual, mental, física, social, financiera y espiritual.

Para disfrutar alineamiento en energía sexual debemos alcanzar un nivel de armonía con relación a las emociones asociadas a nuestra sexualidad: miedo, culpas, verguenzas, tristezas/dolor, mentiras, expectativas y apegos.

El Miedo es una emoción caracterizada por una intensa sensación desagradable provocada por la percepción de un peligro, real o supuesto, presente, futuro o incluso pasado.

En términos de energéticos bloquea el primer centro relacionado a la energía física y el deseo de vivir. El miedo en la sexualidad es algo que se presenta como consecuencia de la falta de educación.

Para disfrutar una sexualidad plena es importante identificar a que le temes, ya sea a nivel físico, mental o espiritual. ¿Miedo al dolor? ¿A enfrentar alguna memoria emocional? ¿A cometer un acto descrito como pecado por alguna religión o filosofía? ¿A no ser suficiente? ¿A no ser aceptado? ¿A no cumplir las expectativas de tu pareja? ¿A la soledad? ¿A que te abandonen? ¿A que te juzguen? **¿A que le temes?**

Es importante definir el nivel de miedo que estas experimentando. ¿Es un miedo que te paraliza y no deja que explores opciones? ¿O es un miedo que te motiva a explorar opciones para llegar a otro nivel en tu vida? **¿Cuál es tu nivel de miedo?**

La educación en inteligencia sexual te ofrecerá opciones para poder manejar los miedos asociados a tu sexualidad. Podrás identificar el miedo, y selecionar la mejor opción para manejarlo y no bloquear tu primer centro energético.

Establecer claramente los niveles de riesgo que estamos dispuestos a asumir y abrirnos a vivir nuevas experiencias es parte fundamental en el disfrute de armonía energética y el desarrollo de inteligencia sexual.

¡Si luego de evaluar el riesgo asociado a algo que te causa miedo… entiendes que no es justificado ariesgarte…Esta bien!!!!

Aprender a decir "Si" o "No" a consciencia es parte de ser emocionalmente inteligente. Existe una gran diferencia entre decir "Si" o "No" por miedo y decirlo a consciencia luego de evaluar opciones.

La Culpa es una emoción que se siente al romper las reglas (familiares, religiosas, naturales, etc.) o por el pensamiento de cometer dicha acción.

Algunas de las causas más frecuentes de culpas relacionadas al sexo entre las mujeres es perder su virginidad con la pareja incorrecta y haber engañado a su actual pareja o a alguna en el pasado.

Por su parte, las culpas más comunes de los hombres son fallar al intentar un acercamiento sexual con una posible pareja y no haber sido más intrépido sexualmente cuando más joven.

Estas causas son confirmadas con los resultados de investigaciones que han encontrado una fuerte relación negativa entre el nivel de culpa sexual y la actividad sexual de las personas (Gerrard, 1982; Gerrard y Gibbons, 1982).

Reconocer que no somos perfectos y que tenemos la oportunidad de mejorar en el área de la sexualidad es parte fundamental en el disfrute de armonía energética y el desarrollo de inteligencia sexual.

La Vergüenza es una emoción consciente de dishonor, desgracia o condenación.

El sentir vergüenza asociada a la sexualidad es muy común. Los sentimientos de inferioridad y falta de conocimiento con relación a la sexualidad son las principales causas de vergüenza sexual.

Para desarrollar tu inteligencia sexual es importante identificar las verguenzas asociadas a tu sexualidad. ¿Te sientes avergonzado de tu físico? ¿De tus pensamientos? ¿De tu falta de conocimiento? ¿De experiencias pasadas? ¿De tu comportamiento sexual? ¿De tu vocabulario sexual?

Identifica cualquier verguenza relacionada a tu sexualidad y explora opciones para manejar esta emoción mas saludablemente. Recuerda, nuestro conocimiento es límitado, no sabemos lo que no sabemos, lo importante es decidirnos a aprender y darnos la oportunidad cambiar. ¡Y definitivamente, ya comenzaste tu proceso de aprendizaje en el campo de la sexualidad!!!! Felicidades, estas armonizando tu tercer centro energético.

Reconocer que no lo sabemos todo con relación a la sexualidad y darnos la oportunidad de explorar opciones para el desarrollo y disfrute de nuestra sexualidad es parte fundamental en el disfrute de armonía energética y el desarrollo de inteligencia sexual.

La Tristeza o duelo es una respuesta normal y saludable a una pérdida.

Existen muchos sentimientos de perdida, tristeza y dolor asociados a la sexualidad. Es importante reconocer que sentir tristeza es normal y es parte de un proceso de duelo. Lo que no es normal es vivir con la tristeza bloqueando y desgastando nuestra energía.

Cuando se habla del proceso de duelo, en la mayoría de las oportunidades se hace referencia a las 5 etapas del duelo identificadas por Elisabeth Kübler-Ross. Kübler-Ross era una psiquiatra que estudió cómo las personas a las que se les había diagnosticado una enfermedad terminal hacían el duelo por la pérdida de la salud (Kübler-Ross, 1972). Ella identificó las siguientes 5 etapas del duelo:

- Negación: "Esto no está sucediendo. No a mí".

- Ira: "¿Por qué está sucediendo? ¿Quién tiene la culpa?".

- Negociación: "Haré un cambio en mi vida solo si eso significa que esto no me sucederá".

- Depresión: "Ya no me importa".

- Aceptación: "Estoy en paz con lo que está sucediendo".

En términos de tu sexualidad, que perdida, tristeza o dolor estás experimentando. ¿Qué perdida asocias con la sexualidad? ¿Qué puedes hacer? ¿Qué piensas que no tienes las fuerzas o el coraje de hacer con relación a tu sexualidad?

Desarrollar la fortaleza para defender nuestro derecho al disfrute de una sexualidad plena y manejar las pérdidas asociadas a nuestra vida sexual es fundamental en el disfrute de armonía energética y el desarrollo de inteligencia sexual.

El Mentir es no expresarnos con la verdad y autenticidad.

La causa principal de la insatisfacción sexual es la falta de comunicación que tenemos con nuestras parejas. Cuando no sabemos expresar lo que nos gusta y lo que no nos gusta; lo que queremos y lo que no queremos; comenzamos a mentir y a mentirnos.

De acuerdo al artículo *Las mentiras más comunes en el sexo* compartido por María José Roldán se puede mentir por muchos motivos, pero detrás de cada mentira siempre encontrarás inseguridad personal o conflictos sin resolver.

Tipos de mentiras en el sexo

( )   **Mentira piadosa:** Una mentira para no herir a la otra persona u ocultar algún hecho que no le perjudica.

( )   **Mentira para beneficiar al otro**: Una mentira para ayudar al prójimo.

( )   **Mala mentira:** Una mentira por venganza, para hacer daño, para obtener beneficios o en situaciones para quedar por encima del otro.

( )   **Mentira para engañar**: Una mentira perversa, para hacer daño a conciencia y aprovecharse de los demás o de la situación sin escrúpulo alguno.

Mentiras mas comunes en el sexo por las mujeres:

( )   Nunca he fingido un orgasmo.

( )   El tamaño no importa.

( )   Nunca me he masturbado.

( )   Me duele la cabeza / Estoy cansada.

Mentiras en el sexo por los hombres

( )   No tengo fantasías sexuales con otras mujeres.

( )   Es la primera vez que me pasa.

( )   No me gustan los juguetes sexuales.

( )   No me importa que no te depiles

( )   No es necesario que tengas lencería sexy.

¿Cuáles de estas mentiras identificas? En términos energéticos, la energía es bloqueada cuando no somos auténticos y sinceros con relación a nuestros deseos, fantasías y expectativas. ¿Cuán abierto eres al expresar tu sexualidad? ¿Cuán cómodo te sientes al hablar del tema de sexualidad? ¿Cómo expresas tu sexualidad a nivel corporal? ¿Hablado? ¿Escrito? ¿Artístico?

El poder expresarnos en cuanto a nuestra sexualidad de una forma abierta y honesta es parte fundamental en el disfrute de armonía energética y el desarrollo de inteligencia sexual.

Las Expectativas causan una emoción de traición y decepción.

El nivel de satisfacción sexual comúnmente es medido utilizando como referencia las expectativas individuales al respecto. Dichas expectativas han sido creadas basadas a nuestra educación, cultura, tradiciones, experiencias pasadas y crencias religiosas. La sexualidad es tan individual como la humanidad.

Cuando las personas comienzan a comparar sus expectativas con lo que viven realmente y encuentran diferencias no placenteras se crea una gran fuente de conflicto y bloqueo energético.

Hablando sobre sexualidad, ¿cuáles son los estándares o expectativas con relación a tu sexualidad? ¿En qué están basadas? ¿Tradiciones? ¿Educación? ¿Experiencias pasadas? ¿Religión? ¿Cultura?

Reconocer que todos somos diferentes y el entendimiento de la diversidad en nuestra sociedad con relación al tema de la sexualidad es parte fundamental en el disfrute de armonía energética y el desarrollo de inteligencia sexual.

Los Apegos es una emoción que se define como una vinculación afectiva intensa que afecta el sentido de libertad y crea codependencia.

La codependencia sexual se da cuando dos personas se encuentran unidas debido a deficiencias y necesidades no resueltas en el aspecto emocional, como puede ser tener miedo a la soledad o la falta de seguridad en uno mismo.

En términos energéticos, ¿cuáles son los apegos que experimentas? ¿Estás apegado a alguien? ¿Algo? ¿Filosofía? ¿Creencia? ¿Estándar? ¿Cuál es grado de apego? ¿Te sientes libre en cuanto a tu sexualidad? ¿Te sientes libre de expresarte con relación a tu sexualidad? ¿Te sientes en paz con relación a tu sexualidad?

Liberarte de los apegos, expectativas, secretos, tristezas, verguenzas, culpas y miedos con relación a tu sexualidad es parte fundamental en el disfrute de armonía energética y el desarrollo de inteligencia sexual.

Luego de haber identificado y manejado inteligentemente las emociones asociadas a tu sexualidad, estas listo a continuar tu caminar en el desarrollo de Inteligencia Sexual.

Parte II

Pilares de Inteligencia Sexual

El concepto de Inteligencia Sexual esta basado en 3 pilares fundamentales, descritos inicialmente por los investigadores Corad y Milburn (2001). Los pilares han sido complementados en este libro con información extraída del modelo de *Inteligencia Emocional Holística* desarrollado por Dr. Wanda Bonet-Gascot y otras fuentes que enriquecen la lista de opciones para el desarrollo de inteligencia sexual.

Pilar # 1 **Educación Sexual** es el primer pilar de Inteligencia Sexual y ofrece información y conocimiento objetivo que debe ser evaluado por el individuo desde su propia esencia, valores y pensamiento crítico. Obtener una buena educación sexual a través de los libros, talleres dictados por personas calificadas y certificadas en el tema, ayuda a combatir los prejuicios, mitos y falsas creencias que podamos tener. Así como también es importante tener una actitud positiva hacia la sexualidad y despojarnos de nuestros tabúes, bloqueos y miedos, ayudándonos a crecer sexualmente. A continuación, algunos temas que presentamos en el área de educación sexual.

1. Higiene Sexual

2. Anatomía Energética

3. Anatomía y Fisiología Humana

4. Anatomía Sexual

5. Hormonas Sexuales

6. Respuesta Sexual.

7. Diversidad Sexual.

Pilar # 2 **Conocer tu propio cuerpo:** Las personas con inteligencia sexual son aquellas que conocen su cuerpo, sus deseos y las sensaciones que les causan placer, pero también que les incomoda.

Pilar # 3 **Conocer el cuerpo de tu pareja y conexión sexual:** Saber comunicarse con su pareja con relación a la sexualidad y poder explorar y disfrutar el cuerpo de su pareja.

Pilar # 1 Educación sexual

La Organización Mundial para la Salud (1983) expone que la educación sexual sigue siendo la asignatura pendiente de nuestra sociedad. Como materia no está integrada de modo formal en el sistema y, sin embargo, cada vez es más necesario difundir conocimientos que logren cambiar comportamientos asociados a la sexualidad y el sexo.

La *Guía Práctica sobre Sexualidad* compartida por Eroski Consumer presenta los siguientes modelos de educación sexual

Educación tradicional

Este modelo tuvo su mayor auge en Europa durante el siglo XIX y mantuvo una notable influencia en nuestro país hasta no hace muchos años. Algunas de sus características son:

- La procreación es el principal objetivo de la sexualidad.

- Liga el placer a la sexualidad del varón y el sentimiento a la sexualidad de la mujer.

Educación higienista

El objetivo de esta educación es evitar riesgos inherentes a la actividad sexual. Se insiste en la abstinencia fuera del matrimonio o en el uso de métodos preventivos eficaces (según la ideología). No aporta una revaloración ética de la sexualidad y fomenta su visión negativa con el refuerzo de la idea de peligro asociada a la práctica sexual.

Educación procreadora

En este modelo, la educación depende de una antropología y una moral de determinadas creencias religiosas. La información se presenta de modo sesgado y moralizador. Otorga a la procreación toda la importancia y niega la anticoncepción. Ofrece un valor negativo a la masturbación, la homosexualidad y las relaciones prematrimoniales. Niega el derecho al placer y considera la sexualidad como un mero medio para un fin superior: la procreación.

Educación para la revolución sexual y social

Consecuencia de posturas ideológicas combativas, los contenidos que propone para desarrollar una educación se mezclan con militancia política. En términos generales, sus planteamientos no tienen base científica y sí ideológica por lo que su transmisión puede encuadrarse en una postura vital pero no sirven de base de una educación plural y rigurosa. Aporta a la cultura la defensa de igualdad de derechos sexuales en el hombre y la mujer, e inspirada en los planteamientos de Freud, reconoce la importancia crucial de la sexualidad en el desarrollo de la persona, en todos sus niveles emocionales y psicológicos.

Educación profesionalizada, democrática y abierta

Se basa en el respeto por la diversidad. Sus objetivos generales son:

- Transmisión de una visión globalizada y positiva de la sexualidad humana.

- Conocimiento del propio cuerpo y sus posibilidades como receptor y productor de placer.

- Posibilitar cambios de actitudes, conductas y valores sobre la sexualidad humana.

- Promoción de la calidad de vida, merced a un acceso a toda la información y orientación necesaria sobre la temática sexual.

Componentes de Educación Sexual:

1. Higiene Sexual

Para evitar todo tipo de infecciones en general, resulta imprescindible mantener una higiene genital diaria. Los fuertes olores provenientes de la zona genital suelen denotar infección. Algunas recomendaciones ofrecidas en *El Almanaque de la Sexualidad* son:

HOMBRE

- **Higiene:** Baños o duchas diarias. Los penes no circuncidados deberán limpiarse con mayor atención en la zona del glande, echando hacia atrás completamente el prepucio, para evitar acumulación de secreciones. Cualquier secreción extraña debe ser consultada con el médico.

Autoexamen: Consiste en examinarse los testículos regularmente. El cáncer de testículos tiene un índice de recuperación del 90% si se detecta a tiempo. El mejor momento para examinar los testículos es después de un baño o una ducha, ya que la piel del escroto está más suelta. Enrolla cada testículo entre el pulgar y los dedos, moviendo la piel con suavidad y palpando toda la superficie en busca de cambios de textura, tacto, tamaño y peso. Es posible que el epidídimo (una masa muy rizada de tubos que almacenan el esperma al final del testículo) se note más duro al tocarlo, pero no debe confundirse con un tumor.

MUJER

- **Higiene:** Es recomendable limpiarse después de cada deposición de la vagina al ano, para evitar que los gérmenes provoquen infección genital.

En la limpieza genital diaria no conviene enjabonarse los labios para evitar irritación de los tejidos de la vulva.

Es recomendable tomar duchas o baños regulares durante la menstruación. No utilizar, salvo prescripción médica, irrigaciones ni desodorantes vaginales.

Después del coito, un lavado vaginal no sólo es ineficaz anticonceptivamente hablando, sino altamente no recomendable, ya que se destruye la flora vaginal aumentando los riesgos de infección. Cualquier secreción extraña debe ser consultada con el médico.

- **Autoexamen:** Mediante el examen regular de los pechos pueden detectarse bultos, cambios en la forma o secreciones de los pezones. La mujer debería examinarse los pechos una vez al mes. Lo mejor es hacerlo dos o tres días después de la mestruación, cuando es menos probable que los pechos estén sensibles.

Un examen vaginal es recomendo anualmente.

2. <u>Anatomía Humana Energética</u>

El cuerpo humano es un complejo sistema energético. La existencia del sistema energético no es reconocida por la comunidad científica occidental, pero sí por otras culturas milenarias. A continuación, tres de los conceptos dentro de la anatomía humana energética presentados por Donna Eden en su libro "<u>Medicina Energética, Manual para conseguir el equilibrio energético del cuerpo para una excelente salud, alegría y vitalidad</u>".

2.1 Centros Energéticos

Por nuestro cuerpo, a lo largo de la columna vertebral, están repartidos una serie de vórtices de energía que están comunicados unos con otros por unos canales. Cada centro energético está relacionado con varios órganos y glándulas que se sitúan en torno a su área de influencia. Por eso es importante conocer su funcionamiento y así tener un cuerpo equilibrado y sano.

Primer Chakra – Base o Raíz (Color Rojo)

El primer Chakra está situado en el perineo, entre los genitales y el ano. El florecimiento de este Chakra es la persona madura y camina firme hacia su destino. El **Miedo** lo bloquea.

Partes del cuerpo: el sistema nervioso central, glándulas suprarrenales, el sistema linfático, la reproducción masculina, próstata, intestino grueso, el coxis, sacro, los huesos, dientes, uñas, piernas, brazos.

Efectos Físicos cuando está bloqueado: ciática, estreñimiento, problemas de ovarios, útero, problemas con la próstata, varices, trastornos inmunitarios, posibilidad de hemorroides.

Efectos emocionales: Desconexión de la comunidad, la familia, o contigo mismo. Produce una sensación de abandono que da lugar a la frustración, a la inestabilidad emocional, auto-indulgencia, a la inseguridad, al dolor, a la pérdida, la depresión, al conflicto entre el apego y dejar ir, baja autoestima.

Segundo Chakra – Sacro (Color Anaranjado)

El segundo chakra está situado en la base de la columna lumbar, a medio camino entre el ombligo y el hueso púbico. Su florecimiento nos da el poder de superar los obstáculos y actuar con integridad. La **culpa** lo bloquea.

Partes del cuerpo: los órganos reproductores femeninos, vejiga, intestino grueso, la pelvis, glúteos, tercer lumbar hasta el sacro.

Desiquilibrios físicos con el bloqueo: Tensión lumbar, dolor lumbar y pélvica, la ciática, las infecciones del riñón y la vejiga, trastornos del sistema inmune, fatiga crónica, impotencia, frigidez, colon irritable, el cáncer y la diabetes, las adicciones.

Efectos emocionales: ansiedad, miedo, preocupación, las luchas de poder, los problemas financieros y de trabajo, problemas emocionales límites, los celos, la desconfianza.

Tercer Chakra – Plexo solar (Color Amarillo)

El tercer chakra se encuentra justo encima del ombligo. Es el poder de transformación y el conocimiento. Poder para confiar en ti mismo y tomar plena responsabilidad por tu vida. Se bloquea con la **verguenza.**

Partes del cuerpo: de diafragma, el páncreas, hígado, vesícula biliar, bazo, riñón, glándulas suprarrenales, estómago, intestino delgado, la caja torácica, torácica inferior a la segunda lumbar.

Desiquilibrios físicos con el bloqueo: Problemas respiratorios, los sistemas respiratorios, inmunológicos, hormonales y digestivos, úlceras, cálculos biliares, ardor de estómago, diabetes, hipoglucemia, tumores, anorexia, bulimia, hepatitis, cirrosis, artritis.

Efectos emocionales: la victimización, la necesidad de aprobación, el estrés, el enojo, frustración, miedo a la responsabilidad, la culpa, preocupación, la duda, los problemas de compromiso.

Cuarto Chakra – Corazón (Color Verde)

El cuarto chakra se encuentra justo detrás de tu corazón. Es el poder del movimiento. Este chakra rige los sistemas de comunicación, especialmente el sistema nervioso. Se bloquea con el **dolor, la pena.**

Partes del cuerpo: el corazón, la circulación, los pulmones, la caja torácica, la columna vertebral torácica, el timo, los senos, el esófago, comparte con el 5 º chakra – brazos, hombros, manos.

Desequilibrios físicos al estar bloqueado: enfermedades cardíacas, asma, enfermedades del pulmón y problemas de mamas, problemas en columna vertebral torácica, neumonía, hipertensión, accidente cerebrovascular, angina de pecho, artritis.

Efectos emocionales: la insensibilidad emocional, la pasividad, la depresión, imposibilidad de perdonar, la pérdida, el dolor.

Quinto Chakra – Garganta (Color Azul)

El quinto chakra está situado en la parte posterior de la garganta – el poder de la creatividad y la autoexpresión. Se bloquea con las **mentiras** que nos contamos a nosotros mismos.

Partes del cuerpo: boca, dientes, encías, laringe, tráquea, la columna cervical, la glándula tiroides, los hombros acciones, brazos, manos y el esófago con el chakra de la cuarta)

Desequilibrios físicos relacionados incluyen: la garganta, la voz, las encías, problemas en los dientes, trastornos de la tiroides, la gripe o los resfriados, las infecciones crónicas y las reacciones alérgicas.

Efectos emocionales: el estancamiento, la obsesión, la falta de expresión, la depresión, la indecisión, miedos y fobias.

Sexto Chakra - Tercer ojo (Color Indigo)

El sexto chakra está situado en la frente, la sede de la Conciencia Divina. Se bloquea con el sentimiento de traición relacionado a **ilusiones** y **expectativas**.

Partes del cuerpo: sistema nervioso y al cerebro, las glándulas pituitaria y pineal, ojos, oídos, nariz

Desequilibrios físicos relacionados incluyen: dolor de cabeza, pensamiento confuso, los tumores cerebrales, accidentes cerebrovasculares, ceguera, sordera, convulsiones, problemas de aprendizaje, problemas de columna vertebral, el pánico, la depresión.

Efectos emocionales: miedos, fobias, falta de concentración y de disciplina, carecer de juicio, confusión, pesadillas, la esquizofrenia.

Séptimo Chakra – Corona (Color Violeta, Blanco o Dorado)

El séptimo chakra está situado en la corona de su cabeza – el poder de lo infinito. Se bloquea con el **apego** a todo lo que pertenece a este mundo.

Partes del cuerpo: la coronilla, la parte superior de la cabeza.

Desequilibrios físicos relacionados incluyen: Trastornos músculo-esquelético enfermedad del sistema, trastornos de la piel, depresión, fatiga crónica, hipersensibilidad a la luz, al estímulo sonoro y ambiental.

Efectos emocionales: la pérdida de propósito, la pérdida de conexión con lo divino, mente cerrada, la depresión, la preocupación.

2.2 Meridianos y Canales de Energía

La circulación de la energía (Qi) ocurre a traves de canales llamados meridianos. Las emociones y pensamientos también intervienen en el funcionamiento de los canales de energía. Los meridianos corresponden a organos del cuerpo y la energía circula en bloques de dos horas por cada organo contribuyendo al desempeño óptimo en el cuerpo o reloj biológico.

De acuerdo al conocimiento oriental, la utilidad práctica de saber las horas de cada órgano es lograr un desempeño óptimo.

- 3:00am – 5:00am: *Meridiano de pulmones*. Dormir profundo. También recomendado para ejecutar ejercicios especiales de *respiración* acompañados de meditación. El pulmón en medicina china es responsable de distribuir la energía vital. El aire se compone de diversos gases, donde solo 21% es oxígeno. La cantidad de oxígeno es proporcional a la cantidad de energía que produce nuestro cuerpo. Se recomienda hacer respiraciones lentas y largas para obtener la mayor cantidad de oxígeno posible y poder suplir la necesidad de cada una de las células del cuerpo.

- 5:00am – 7:00am: *Meridiano del intestino grueso*. Momento para levantarse, beber una taza de *agua* caliente (temperature ambiente) y cumplir con necesidades naturales de *eliminación*. El agua es el principal e imprescindible componente del cuerpo humano. El cuerpo humano tiene un 75 % de agua al nacer y cerca del 60 % en la edad adulta. El cerebro es 75% agua, la sangre es un 92% agua, los huesos un 22% agua y los músculos un 75% agua. Beber la cantidad y calidad adecuada (alcalina, ionizada, alta en anti-oxidantes (www.kangendemo.com)) de agua es vital para su sexualidad. El agua esta compuesta de dos moléculas de hidrógeno y una molécula de oxígeno. El oxígeno es el ingrediente principal en la producción de energía.

- 7:00am – 9:00am: *Meridiano del estómago:* Absorción de nutrientes en el estómago. Ideal para tomar el desayuno y nutrir el organismo con buen alimento.

- 9:00am – 11:00am: *Meridiano del bazo y páncreas* está activo, los alimentos son convertidos en sangre y energía para nutrir a los músculos. Las mejores horas para trabajar.

- 11.00am – 1:00pm: *Meridiano del corazón,* Hora para el almuerzo, según la Medicina Tradicional China el corazón también nutre la mente y el espíritu, este es también un horario para revitalizar el espíritu, conversar y compartir.

- 1:00pm – 3:00pm: *Meridiano del Intestino Delgado,* El intestino delgado trabaja separando y distribuyendo los nutrientes digeridos. Caminar es recomendable.

- 3:00pm – 5:00pm: *Meridianos de la vejiga* trabajan. Estas son horas ideales para el trabajo o el estudio. Se aconseja beber té para ayudar a la expulsión de toxinas del cuerpo y ingerir alimentos ligeros en la cena.

- 5:00pm – 7:00pm: *Meridiano de los riñones.* Tiempo para las terapias, meditación e introspección, hablar temas que tengan que ver con principios filosóficos y éticos, estudiar materias del espíritu, escuchar música.

- 7:00pm a 9:00pm: *Meridiano del Pericardio* en la Medicina China; este meridiano impulsa la actividad amorosa y la *sexualidad*, también protege al corazón dándole inspiración, es una buena hora para actividades de grupo que reconforten las emociones compartidas con otros y el espíritu colectivo.

- 9:00pm – 11:00pm: *Meridiano Triple Calentador* comprende los 3 sistemas principales, oxigenación, circulación, digestión y asimilación energética. Se eliminan químicos innecesarios y tóxicos mediante el sistema linfático del organismo. Se recomienda estado de quietud.

- 11:00pm – 1:00am: *Meridiano de la vesícula biliar.* Dormir y relajarse.

- 1:00am – 3:00am: *Meridiano del hígado.* La hora de mayor importancia para el descanso de la mente y el metabolismo, en este horario la energía del hígado limpia las emociones la mente y la sangre.

2.3 Campo Electromagnético

De acuerdo al artículo *Los campos electromagnéticos humanos* compartido por la Organización de Cosmosociología (www. cosmosociologia.org) todas las células vivas, incluso las nuestras, tienen una carga eléctrica de entre 70 y 90 milivoltios, por lo que en súma nuestro cuerpo emite un gran campo electromagnético, que, aunque no solemos ver, está allí cumpliendo una función y generando importantes influencias en nuestras vidas.

La clave de nuestra salud y bienestar reside en la capacidad para modular nuestra frecuencia electromagnética. En términos básicos, le conocemos como el aura o burbuja energética. Es una energía luminosa que rodea en forma de óvalo a todos los seres vivos y que es imperceptible a plena vista y se extiende entre uno y tres pies de distancia del cuerpo físico en todas las direcciones.

Todas nuestras emociones, pensamientos, sentimientos, y experiencias están reflejadas en el aura, al igual que energía que atraemos de nuestro entorno.

3. Anatomía y Fisiología Humana: Sistemas y Aparatos

El cuerpo humano, es un complejo mecanismo de precisión, cuya fortaleza y rendimiento dependen del funcionamiento óptimo y de la coordinación armónica de los órganos y sistemas que lo componen.

Nuestro cuerpo es un instrumento clave en la sexualidad. Por tanto, conocer la anatomía y fisiología del cuerpo es fundamental en el desarrollo de inteligencia sexual.

El cuerpo humano tiene 11 sistemas/aparatos anatómicos: digestivo, endocrino, respiratorio, tegumentario, nervioso, urinario, muscular, esqueletal (óseo), inmunitario, cardiovascular y reproductivo. Cada uno de ellos impacta nuestro desempeño en el acto sexual. Nuestras rutinas, rituales, estilo de vida y decisiones deben tomar en consideración el diseño del cuerpo humano.

Sistema circulatorio: Es el sistema de conexiones venosas y arteriales que transportan la sangre a los órganos del cuerpo. Está formado por el corazón, los vasos sanguíneos (venas, arterias y capilares) y la sangre.

Sistema digestivo: Es el sistema encargado del proceso de la digestión que es la transformación y la absorción de los alimentos por las células del organismo. La función que realiza es el transporte de los alimentos, la secreción de jugos digestivos, la absorción de los nutrientes y la excreción.

Sistema endocrino: (Sistema hormonal) Es el sistema que produce hormonas que son liberadas a la sangre y que regulan algunas de las funciones del cuerpo incluyendo el estado de ánimo, el crecimiento y el metabolismo.

Sistema inmunológico: (Sistema inmunitario) Es el sistema que permite proteger contra enfermedades identificando y matando células patógenas y cancerosas.

Sistema linfático: Es el sistema de conductos cilíndricos parecidos a los vasos sanguíneos que transporte un líquido transparente llamado linfa. Unas funciones del sistema linfático incluyen formar y activar el sistema inmunitario y recolectar el quilo (un fluido producto de la digestión de las grasas de los alimentos ingeridos). El sistema linfático está compuesto por los vasos linfáticos, los ganglios, el bazo, el timo, la linfa y los tejidos linfáticos (como la amígdala y la médula ósea).

Sistema muscular: Es el sistema que permite que el esqueleto se mueva, se mantenga estable y dé forma al cuerpo. El sistema muscular sirve como protección para el buen funcionamiento del sistema digestivo y otros órganos vitales.

Sistema nervioso: Es el sistema de conexiones nerviosas que permite transmitir y tener información del medio que nos rodea.

Sistema óseo: Es el sistema de apoyo estructural y protección a los órganos internos mediante huesos.

Sistema reproductor: Es el sistema que está relacionado con la reproducción sexual.

Sistema respiratorio: Es el sistema encargado de captar oxígeno y eliminar el dióxido de carbono procedente del anabolismo celular. Las fosas nasales son usadas para cargar aire en los pulmones donde ocurre el intercambio gaseoso.

Sistema urinario: (sistema excretor) Es el sistema que tiene la función de expulsar los desechos que ha dejado el proceso digestivo.

4. Anatomía Humana Sexual

La organización conocida como "Planned Parenthood" esta comprometida con la educación sobre la salud reproductiva y en su página cibérnetica www.plannedparenthood.com ofrece información sobre la anatomía sexual y reproductiva. Ellos comparten que la anatomía sexual se compone de:

Anatomía sexual externa de la mujer

- **Vulva:** La vulva incluye todos los órganos externos de una mujer:

    o   Labios externos: Conocidos como labia mayores o labia externos. Los labios externos son carnosos, están cubiertos con vello púbico y conectados a los muslos.

    o   Labios internos: Conocidos como labia menores o labia internos. Cubren la abertura vaginal y la uretra. Los labios internos son visibles cuando los externos se separan. Son sensibles y se pueden hinchar cuando la mujer se excita.

- **Clítoris:** El clítoris es el tejido esponjoso que se llena de sangre durante la excitación sexual y se erecta. Es muy sensible al contacto. La punta externa del clítoris está en la parte superior de la vulva, donde se unen los labios internos. La estructura interna del clítoris incluye el tronco y dos cruras, raíces o piernas, de tejido eréctil que se extiende hasta cinco pulgadas en el cuerpo de la mujer a ambos lados de la vagina. Sistemas de redes de nervios muy sensibles se extienden desde las cruras hacia el área pélvica. *El clítoris es el único órgano del cuerpo humano cuyo único propósito es el placer sexual.*

- **Capucha del clítoris:** Es la piel que cubre y protege la punta externa del clítoris.

- **Abertura de la uretra:** La uretra es el conducto que vacía la vejiga y transporta la orina fuera del cuerpo. La abertura de la uretra está debajo del clítoris. Es bastante pequeña y difícil de ver o sentir.

- **Abertura de la vagina:** La abertura de la vagina está debajo de la abertura de la uretra. *La abertura vaginal es donde los dedos, el pene* o los tampones pueden entrar en la vagina y también es por donde sale el sangrado menstrual y el feto.

- **Monte de Venus:** El monte de Venus es la almohadilla triangular carnosa ubicada encima de la vulva que está cubierta de vello púbico en mujeres adultas y adolescentes. Amortigua el hueso púbico.

Anatomía sexual interna de la mujer

- **Vagina:** La vagina es un canal distensible que conecta los órganos sexuales externos de la mujer con el cuello del útero y el útero. La vagina es un conducto con paredes de tejido arrugado colocadas una contra otra. Las paredes se abren lo suficiente como para permitir que algo entre en la vagina, como un tampón, un dedo o el pene. La vagina tiene de 2 a 4 pulgadas de largo cuando la mujer no está excitada y *de 4 a 8 pulgadas cuando está excitada sexualmente.*

La vagina cumple tres funciones:

o   Permite que el flujo menstrual salga hacia afuera del cuerpo.

o   *Permite que ocurra la penetración sexual* (ya sea con la mano, un juguete sexual o el pene).

o   Permite el paso del feto durante el parto vaginal.

- **Cuello del útero:** El cuello del útero es la parte más baja y angosta del útero. Tiene una abertura que conecta el útero con la vagina. Esta abertura permite que el sangrado menstrual salga del cuerpo y que el esperma entre en el útero, y es lo que se dilata, se abre y se estira, durante el parto.

- **Útero:** El útero es un órgano reproductivo muscular con forma de pera por el cual las mujeres menstrúan y donde se desarrolla un embarazo normal. El útero, normalmente, es del tamaño del puño de la mujer. Durante el embarazo, se estira muchas veces ese tamaño. A veces, se le conoce como matriz. *Durante la excitación sexual, el extremo inferior del útero se eleva hacia el abdomen, lo cual crea más espacio en el extremo de la vagina.* Esto se denomina "expansión vaginal".

- **Trompas de Falopio:** Las trompas de Falopio son dos conductos angostos que transportan los óvulos desde los ovarios hasta el útero. El esperma recorre las trompas de Falopio para fertilizar el óvulo.

- **Fimbrias:** Las fimbrias son como docenas de pequeños dedos en el extremo de cada trompa de Falopio que barren el óvulo desde el ovario hasta la trompa.

Ovarios: Los ovarios son dos órganos que almacenan los óvulos en el cuerpo de la mujer. Los ovarios también producen hormonas, entre ellas estrógeno, progesterona y testosterona. Durante la pubertad, los ovarios comienzan a liberar óvulos cada mes y lo hacen hasta la menopausia. Comúnmente, un ovario libera un óvulo cada mes.

*   **Glándulas de Bartolino:** Son dos glándulas que liberan un líquido que sirve para *lubricar la vagina durante la excitación sexual.* Se encuentran a cada lado de la abertura vaginal.

*   **Punto G:** El punto G o punto de Gräfenberg, está ubicado en la pared delantera de la vagina, la pared más cercana al abdomen. Está aproximadamente de 1 a 2 pulgadas hacia adentro de la vagina. *El punto G es muy sensible y se hincha durante la excitación sexual.*

*   **Glándulas de Skene:** Están ubicadas en la vulva en los lados opuestos de la abertura de la uretra. *Estas glándulas liberan el líquido que se eyacula durante la eyaculación femenina.* También se las llama glándulas parauretrales o glándulas prostáticas femeninas.

*   **Uretra:** Es el conducto que vacía la vejiga y transporta la orina fuera del cuerpo.

Anatomía sexual externa del hombre

*   **Pene:** El pene es el órgano sexual y reproductivo del hombre. Está formado por tres columnas de tejido esponjoso, el cuerpo esponjoso y dos cuerpos cavernosos, que se llenan de sangre durante la *excitación sexual,* provocando la erección. El pene se extiende desde la porción más baja del vientre. Está formado por un tronco y un glande (también conocido como la cabeza)

que es muy sensible al contacto. La uretra del hombre está adentro del pene. Transporta la orina, el líquido preeyaculatorio y el semen hacia afuera del cuerpo.

- **Tronco:** El tronco tiene forma de tubo. El tronco del pene es de 1 a 3 pulgadas de largo, aproximadamente, cuando está blando. *Durante una erección, el tronco se expande hasta alcanzar generalmente de 4 a 6 pulgadas.*

- **Glande:** El glande es la parte blanda y muy sensible del pene que se encuentra en la punta.

- **Abertura de la uretra:** La abertura de la uretra está ubicada en la punta del pene. Ahí es por donde salen hacia afuera del cuerpo el líquido preeyaculatorio, el semen y la orina.

Prepucio: El prepucio es un repliegue cilíndrico de piel que cubre y protege la cabeza (glande). A algunos hombres se les quita el prepucio mediante la circuncisión durante la infancia. Algunos eligen ser circuncidados más adelante.

- **Frenillo:** El frenillo es de donde se sujeta el prepucio a la parte inferior del pene justo debajo del glande.

- **Escroto:** El escroto es una bolsa de piel dividida en dos partes, que contiene los órganos reproductivos internos, los testículos.

Anatomía sexual interna del hombre

- **Testículos:** Los testículos son dos glándulas de forma ovalada que se encuentran dentro del escroto y *producen el esperma y las hormonas, incluida la testosterona.* También llamados testes, los testículos son sensibles al contacto.

- **Epidídimo:** El epidídimo es el conducto en el que el esperma madura. Un epidídimo se extiende desde cada testículo hasta cada conducto deferente. *Almacena el esperma antes de la eyaculación.* Está estrechamente enrollado arriba y detrás de cada testículo.

- **Cremáster:** El músculo que automáticamente acerca los testículos al cuerpo cuando la temperatura baja o cuando la parte interna o delantera del muslo es estimulada. La respuesta automática del músculo cremáster se llama reflejo cremasteriano. (Si sólo se estimula un muslo, sólo se eleva el testículo más cercano al muslo estimulado).

- **Conducto deferente:** Se trata de un conducto angosto y largo que *transporta el esperma desde el epidídimo hasta las vesículas seminales durante la eyaculación.* Hay dos, uno conectado a cada epidídimo.

- **Glándula prostática:** La glándula prostática produce un líquido que ayuda al esperma a moverse a través del aparato reproductor del hombre. La glándula prostática es aproximadamente del tamaño de una nuez o de una pelota de golf. La próstata es sensible a la presión y al contacto, es el *"el punto G masculino".*

- **Glándulas de Cowper:** Estas glándulas están debajo de la próstata y conectadas a la uretra. Producen un líquido, llamado líquido de pre-eyaculación o líquido preeyaculatorio, que prepara a la uretra para la eyaculación. Este líquido reduce la fricción en la uretra y hace que sea más fácil para el semen atravesarla. Las glándulas de Cowper también se llaman glándulas bulbouretrales.

- **Vesículas seminales:** Son dos pequeños órganos que producen el líquido seminal. Las vesículas seminales se encuentran debajo de la vejiga.

- **Uretra:** La uretra es un conducto que vacía la vejiga y transporta la orina, el líquido preeyaculatorio y el semen a la abertura de la uretra.

Cerebro

Se puede decir que el cerebro es nuestro órgano sexual más importante. El cerebro controla nuestras respuestas sexuales, libera hormonas sexuales y contiene nuestra identidad sexual y todas nuestras fantasías.

La piel

La piel es el órgano más grande del cuerpo. Transporta una red de nervios altamente sensibles por todo nuestro cuerpo, de modo que cualquier parte de nuestro cuerpo puede ser estimulada para lograr la excitación sexual. Podemos decir entonces que nuestra piel también es nuestro mayor órgano sexual.

5. Hormonas Sexuales

Las hormonas sexuales son las sustancias químicas que fabrican y segregan las glándulas sexuales, es decir, el ovario en la mujer y el testículo en el varón. El ovario produce hormonas sexuales femeninas, es decir, estrógenos y gestágenos, mientras que el testículo produce hormonas sexuales masculinas o andrógenos.

Función de las hormonas sexuales

De acuerdo al artículo *Hormonas Sexuales* compartido en www. saludalia.com los estrógenos son responsables de buena parte de los cambios que experimentan las niñas al llegar a la pubertad.

Estimulan el crecimiento de la vagina, ovario y trompas de Falopio, así como el desarrollo de las mamas y contribuyen a la distribución de la grasa corporal con contornos femeninos.

Participan también en el periodo de crecimiento rápido de la pubertad conocido como estirón puberal.

En las mujeres adultas los estrógenos y la progesterona participan en el mantenimiento de los ciclos menstruales. En la primera fase del ciclo hay proliferación de la mucosa de la vagina y del útero. Al final del ciclo el cese de la secreción de estrógenos y progesterona provoca la menstruación.

Durante la pubertad los andrógenos provocan la transformación del niño en varón adulto. Producen un aumento del tamaño del pene y del escroto, aparición de vello pubiano y aumento rápido de la estatura. Los andrógenos hacen que la piel sea más gruesa y oleosa. Estimulan el crecimiento de la laringe, con el consiguiente cambio en el tono de voz, y favorecen la aparición de la barba y la distribución masculina del vello corporal. Otra consecuencia de la actividad androgénica es el cese del crecimiento de los huesos largos por fusión de las epífisis después del estirón puberal. Los andrógenos, junto con las gonadotropinas, son necesarios para la producción y maduración del esperma. Además, los andrógenos son hormonas anabólicas, es decir, favorecen la síntesis de proteínas y el desarrollo muscular y son la causa del mayor tamaño muscular del varón con respecto a la mujer.

6. Respuesta Sexual

El ciclo de respuesta sexual es la manera en que reacciona el cuerpo ante la estimulación desde el inicio de una relación sexual o la masturbación y que este expresa en forma de placer. El ciclo de respuesta sexual se desarrolla en cinco fases diferentes: deseo, excitación, meseta, orgasmo y resolución.

Deseo: Los estímulos que generan el deseo pueden ser muy variados: un roce, con la piel del otro, el perfume, una mirada sostenida, el tono de la voz ... pueden suscitar el deseo de mantener una relación sexual con otra persona. Por supuesto, también la imaginación y los pensamientos eróticos pueden despertar esta necesidad o la de masturbarse.

Excitación: No es más que la forma que tiene el cuerpo de responder al deseo y que induce la liberación de feromonas, cuyo olor imperceptible incrementa el sentimiento de atracción por la otra persona. Con la excitación se aceleran el ritmo cardíaco, la respiración y la presión sanguínea, al tiempo que los músculos se tensionan. En la mujer se agrandan los pechos y los pezones se ponen erectos, se hincha levemente el clítoris y los labios interiores de la vagina, separándose los labios exteriores, al tiempo que la vagina comienza a humedecerse y el útero se eleva un poco en relación a su posición habitual. En el hombre también los pezones se ponen erectos y se endurece el pene, se engrosa el escroto y se elevan los testículos. *La fase de excitación puede abandonarse o hacerla durar tanto como se quiera.*

Meseta: fase en la que la excitación se intensifica mediante la estimulación física de las zonas erógenas y la penetración. Se puede controlar su duración con diferentes técnicas, especialmente haciendo pequeñas pausas de relajación, pero, en cualquier caso, se caracteriza porque el ritmo cardíaco, la respiración y la presión sanguínea se aceleran aún más, al igual que la tensión muscular. En la mujer aumenta la lubricación vaginal, se agranda la areola de los pezones, el clítoris se esconde bajo el capuchón que forman los labios exteriores y se oscurecen los labios interiores. En el hombre también se humedece el pene y se agrandan el glande y los testículos.

Orgasmo: La acumulación y contención de la tensión sexual y muscular tanto como sea posible permite intensificar la satisfacción del orgasmo, pero también puede llegar a ser incluso más satisfactoria que éste. El orgasmo es la explosión final en la que se libera toda esa tensión acumulada en la fase de meseta y en la que el cerebro libera una carga de endorfinas que intensifican la sensación de placer. Es el momento en que el ritmo cardíaco, la respiración y la presión sanguínea alcanzan su máxima aceleración y se producen intensas contracciones musculares, especialmente en la zona de la pelvis; en las mujeres la vagina, el útero, el ano y los músculos pélvicos; mientras que en el hombre los hacen la uretra y el ano, además de la próstata y las vesículas seminales para inducir la eyaculación.

La fase orgásmica es la más corta de todas las fases del ciclo de respuesta sexual.

Resolución: fase en la que el cuerpo recupera el estado en que se encontraba antes de la fase de excitación. El ritmo cardíaco, la respiración y la presión sanguínea descienden incluso por debajo de los valores normales; suda todo el cuerpo; y, tras la liberación de la tensión sexual, los órganos genitales de ambos recuperan su expresión de normalidad.

7. Diversidad en la Sexualidad

No existen reglas ni normas absolutas que condicionen las expresiones sexuales. Calificar como bueno o malo determinado comportamiento estaría en función de lo que cada sociedad asume como adecuado o natural. Las normas en cuanto al comportamiento humano están sometidas a los cambios del contexto, por lo que las sociedades varían sus normas de acuerdo a su evolución histórica.

El respeto a la diversidad es un principio que no es asumido por todas las personas en el mundo. No obstante, las sociedades necesitan avanzar hacia la comprensión de que la aceptación de la diversidad favorece la integración de los pueblos y sobre todo el acercamiento de los individuos que por sus singularidades resultan minorías.

La educación es la única forma de lograr que todas las personas de la sociedad reconozcan la necesidad de abordar estos temas con libertad, transparencia y respeto.

Sin embargo, existen normas en la sociedad que dictan los siguientes aspectos:

- El tipo de conductas que son inapropiadas.

- El tipo de conductas que son apropiadas, pero no necesarias o requeridas.

- El tipo de conductas que se espera que lleven a cabo los miembros o determinados miembros de la sociedad.

La diversidad sexual se presenta al hacer referencia a dos visiones contrapuestas sobre el sexo y la sexualidad, pertenecientes ambas a dos ilustres pensadores:

"El sexo es una trampa de la naturaleza para no extinguirse".

Friedrich Nietzsche.

...

"La sexualidad no es actividad de medio tiempo. Es una forma de ser".

Alexander Lowen.

Pilar # 2 Conocer tu propio cuerpo

Es importante averiguar qué nos atrae y excita, cuáles son nuestras preferencias, nuestros deseos y necesidades sexuales. En este ámbito, es importante ser sincero con uno mismo, no autoengañarnos y ser conscientes de nuestros pensamientos, sentimientos y emociones que hacen que nuestra vida sexual sea más gratificante para nosotros.

Aprender a amar, valorar, conocer y entender a tu propio cuerpo es una parte esencial de la sexualidad. Nosotros no nacemos con el conocimiento de como satisfacernos en lo sexual, y tenemos que aprenderlo.

La sexualidad es algo instintivo, pero saber como dar lo mejor de nuestra capacidad sexual no lo es.

La exploración y el entendimiento de nuestro propio cuerpo son elementos claves para disfrutar una vida sexual plena.

- Aprecia tu cuerpo: desnúdate y observa tu cuerpo

- Siente tu cuerpo: recorre tu cuerpo con tus manos

- Experimenta tu cuerpo: toca tu cuerpo y concentrate en lo que sientes placentero.

- Descubre tus zonas erógenas: Encuentra las partes de tu cuerpo que responden con excitación sexual a tus caricias

- Identifica patrones: Monitorea la manera en que estimulas cierta parte de tu cuerpo con relación a la respuesta

- Excita tu cuerpo: Continua hasta que llegues al orgasmo.

- Comunica tu cuerpo: Una vez que has descubierto, explorado y disfrutado tus propias sensaciones, compártelas con tu pareja.

Pilar # 3 Conocer el cuerpo de tu pareja y conexión sexual

Habitualmente el sexo es cosa de dos. Es importante no ser egoísta, es decir, es necesario conocerse a uno mismo, pero también a nuestra pareja sexual, saber qué le gusta, escucharle, darle importancia a su placer igual que al nuestro. Por ello hacemos hincapié en la importancia de la comunicación sexual. Descubrir que le gusta a tu pareja, como le gusta y cuando le gusta. ¡La sexualidad es una aventura de dos!

Tiempo es el factor determinante en el proceso de descubrimiento, exploración y disfrute de tu cuerpo y el de tu pareja. Haz tiempo, para que tu y tu pareja pueda pasar varias horas juntos y sin interrupciones.

La intención de este proceso es encontrar lo que te gusta a tí y tu pareja, pero sobretodo es aprender a comunicarle a tu pareja lo que sientes y piensas.

Parte III

Plan Individualizado para el desarrollo de Inteligencia Sexual

Recordarás de nuestra introducción la definición de Inteligencia Sexual acuñada por los investigadores Corad y Milburn; **la dimensión erótica de cada persona está determinada por su coeficiente de inteligencia sexual que constituye una parte de nuestra capacidad intelectual**, tan importante como la inteligencia emocional.

Según estos investigadores, una gran cantidad de personas sienten insatisfacción con su vida sexual, pero muchas personas no admiten, y al no reconocerlo no pueden resolverlo.

¡La buena noticia es que cada uno de nosotros puede desarrollar inteligencia sexual!!!!

De acuerdo al artículo *¿Qué es inteligencia sexual?* compartido en la página cibernética www.omicrono.com una persona sexualmente inteligente:

- No tiene prejuicios, miedos, tabúes, falsas creencias, ni pudor hacia la sexualidad, rompiendo también con los estereotipos establecidos.
- Disfruta abiertamente de su sexualidad sin sentirse culpable, siendo sexualmente activo, reafirmándose como ser sexual y como parte de su personalidad.

- Conoce sobre ciencia y teorias relacionadas a la sexualidad, incluyendo la anatomía y fisiología del cuerpo humano.
- Conoce bien su cuerpo y qué le resulta placentero. Conoce sus deseos, sus sentimientos y sus fantasías, y no teme expresarlos.
- Tiene encuentros sexuales satisfactorios y se preocupa por la satisfacción y bienestar de su pareja sexual.
- Habla abiertamente y con profesionalismo de cualquier tema sobre sexualidad.

Al contrario, una persona no sexualmente inteligente sufre de:

- Analfabetismo sexual o falta de conocimiento
- Inhibición Sexual
- Fatiga o cansancio sexual
- Conflictos interpersonales
- Aburrimiento
- Baja auto-estima

Ahora que conoces las características de una persona sexualmente inteligente, y estás decidido a continuar tu caminar en el desarrollo de esta área de tu salud, es importante hacerlo de una forma disciplinada, consciente y consistente. A continuación, una metodología simple y efectiva para alcanzar esta meta.

- Asume responsabilidad sobre el desarrollo de tu inteligencia sexual. Nadie puede desarrollar tu inteligencia sexual, solo tu.

Yo decido…

_____

_____

_____

_____

• Define en tus propias palabras que significa para ti convertirte en una persona sexualmente inteligente:

Ser sexualmente inteligente significa para mi...

_____

_____

_____

_____

• Describe honestamente como te sientes hoy con relación a tu sexualidad. Puedes utilizar números del 1 al 10, donde 10 es extraordinariamente satisfecho y uno es no satisfecho.

Menciona y describe las emociones relacionadas a tu sexualidad. Cómo te sientes y que significa para ti. Yo me siento...

_____

_____

_____

_____

• Describe honestamente como te quieres sentir con relación a tu sexualidad. Puedes utilizar números del 1 al 10, donde 10 es extraordinariamente satisfecho y uno es no satisfecho.

Menciona y describe las emociones que quieres experimentar y disfrutar con relación a tu sexualidad. Yo me quiero sentir...

_____

_____

_____

_____

• Cuán comprometido estas en invertir tiempo, dinero y esfuerzo en el desarrollo de tu inteligencia sexual. Puedes utilizar números del 1 al 10, donde 10 es completamente comprometido y uno es que no te interesa. Yo estoy...

_____

_____

_____

_____

• Cuales opciones has explorado o estas explorando para el desarrollo de tu inteligencia sexual.

Yo he explorado las siguientes opciones...

_____

_____

_____

_____

En la próxima parte, compartiremos diversas opciones para el desarrollo de tu sexualidad, pero es tu responsabilidad evaluar cuál de las opciones es viable para ti y tu estilo de vida tomando en consideración tu valores y educación.

Recuerda la sexualidad es individual y única. La diversidad de pensamiento en términos sexuales es impresionante, lo mas importante es que no te juzgues a ti mismo ni a los demás.

• Cuales opciones resuenan contigo y estas dispuesto a invertir tiempo, dinero y esfuerzo en aprender, practicar y "master"

Yo estoy interesado en aprender, practicar o "master" ...

_____

_____

_____

_____

• Cuando vas a continuar tu caminar, que vas a llevar a cabo y cuando.

Yo voy a…. esta semana.

_____

_____

_____

_____

Para lograr un nivel de dominio de inteligencia sexual, es importante que puedas…

Reconocer, Respetar, Comunicar, Valorar, Desarrollar, Disfrutar y Vivir tu sexualidad.

Parte IV

Explorar Opciones Relacionadas a la Sexualidad

Este capítulo ofrece opciones relacionadas a la sexualidad. Estas opciones han sido obtenidas de diversas fuentes informativas y educacionales.

A. Opciones de nivel de desempeño en inteligencia sexual

Determinar el nivel de desempeño que queremos alcanzar en inteligencia sexual es vital para disfrutar el proceso de aprendizaje e influencia el método para adquirir educación.

( )   Interesado: Estar consciente del conocimiento básico y practicar en forma casual.

( )   Informado: Tener conocimiento como resultado de educación y practica ocasional.

( )   Involucrado: Tener conocimiento como resultado de educación continua y practica ocasional.

( )   Practicante: Tener conocimiento como resultado de educación y practica continua. Practica su sexualidad a nivel personal.

( ) Experto: Ser especialista en el tema de la sexualidad como resultado de educación formal y practica continua. Esta capacitado para ofrecer consultoría en el area de la sexualidad.

( ) "Master": Reconozido como líder en el campo de la inteligencia sexual como resultado de educación formal y practica continua. Esta capacitado para ofrecer consultoría y educación en el area de sexualidad. Se siente seguro y cómodo comunicando información y enseñando técnicas de sexualidad.

B. Opciones con relación a tu educación en sexualidad

La educación sexual puede obtenerse de diversas maneras. Dado que se trata de un proceso tan complejo, te presentamos diversas opciones para tu evaluación. *Es tu responsabilidad determinar cual de estas opciones es la adecuada para ti.*

( ) **Educación sexual informal:** es el proceso que dura toda la vida, por el cual el ser humano adquiere actitudes, valores, habilidades y conocimientos de la experiencia cotidiana y de las influencias y recursos educativos de su medio ambiente. Ocurre sin ser planificada, por lo tanto, no es intencional. Se da en la familia, grupos sociales primarios, clubes, iglesias, y en los medios de comunicación.

( ) **Educación sexual no formal:** son aquellas instancias y acciones educativas que están organizadas fuera del sistema educativo formal. La educación sexual no formal trata de servir a diversos grupos y tiene objetivos muy precisos. Regularmente el instructor responde a la ideología o religión de la institución que lo invita.

( ) **Educación sexual formal:** es un sistema de educación sexual estructurado y objetivo. Suele estar diseñada por especialistas en educación sexual, lo que garantiza el adecuado manejo de información a suministrar y en la mayoría de los casos es implementada por individuos formados en la temática por profesionales especializados.

C. Opciones de estilo de aprendizaje

El estilo de aprendizaje de un individuo indica cómo él o ella recupera y conserva la información mejor. Las diferentes personas prefieren diferentes métodos de aprendizaje. El modelo de aprendizaje VAK de Bandler y Grinder abarca tres métodos de aprendizaje sensorial: visual (vista), auditivo (sonido) y kinestésico (tacto o movimiento). *Es tu responsabilidad escoger el estilo de aprendizaje adecuado para ti.*

( ) **Visual:** Las personas que prefieren aprender visualmente se pueden clasificar en dos grupos: lingüísticas o espaciales. Los estudiantes visuales-lingüísticos se benefician más de la lectura y escritura de las tareas. Ellos pueden entender rápidamente y retener la información que se encuentra en forma escrita, por lo que los materiales tales como documentos de reuniones, notas de clase y trabajos de textos funcionan bien para estos alumnos. Los alumnos visuales-espaciales no disfrutan de la lectura o escritura de las tareas, sino que aprenden con mayor eficacia cuando se utilizan gráficos, ilustraciones, códigos de colores y otras ayudas visuales para presentar información. Las personas que prefieren aprender de esta manera tienden a asociar la nueva información con imágenes mentales.

( ) **Auditivo:** A los individuos auditivos les gusta recibir nueva información e instrucciones a través de la escucha y el habla. Un aprendiz auditivo puede absorber mejor la información teniendo una conversación con alguien, escuchando una cinta de audio, sentándose en un aula de conferencias o participando en una presentación. Las personas con esta preferencia de aprendizaje pueden disfrutar de las actividades que implican intercambios de ideas, debates y otros intercambios vocales que tienen lugar entre las personas.

( )   **Kinestésico:** Los individuos kinestésicos pueden ser clasificados como dependientes de tacto o movimiento. Un individuo kinestésico puede parecer que se distrae con facilidad, al mostrar un movimiento excesivo, garabatear notas en clase o quedarse dormido durante una larga presentación. Estos estudiantes se desempeñan mejor cuando se los anima a estar activos. Las técnicas de enseñanza que benefician a los kinestésicos implican tomar descansos de estiramiento durante las presentaciones largas, la realización de actividades que impliquen movimiento, proporcionando la oportunidad para que las notas se escriban o resalten y tocando música cuando sea apropiado.

D. Opciones de Tipos de Expresiones en la Sexualidad

Hoy en día la sexualidad se manifiesta de distintas maneras. Existen varios tipos de expresiones a través de las cuales las personas pueden definir sus preferencias sexuales y su personalidad. *Es tu responsabilidad escoger la manera que deseas expresar tu sexualidad.*

( )   **Homosexualidad:** Este término deriva de la palabra griega *homós* que significa "igual". La homosexualidad se refiere a la atracción física, emocional y amorosa que siente alguien por personas del mismo sexo. Por lo general, a los hombres homosexuales se les llama "gays" y a las mujeres "lesbianas." Ninguno de estos términos se considera despectivo e incluso es políticamente correcto ya que dicha comunidad lo ha adoptado.

( ) **Bisexualidad:** La bisexualidad se trata de la atracción física, emocional y amorosa que puede sentir un individuo hacia personas de ambos sexos, femenino y masculino. Esta identidad sexual ha existido desde la antigüedad ya que los historiadores han podido rastrear prácticas bisexuales desde civilizaciones como Grecia y Roma.

( ) **Heterosexualidad:** Esta identidad sexual se refiere a la atracción física, emocional y amorosa que siente una persona por individuos del sexo opuesto. Es decir, cuando a un hombre le gustan las mujeres y viceversa.

( ) **Transexualidad:** Este término se refiere a las personas que tienen determinado sexo de forma biológica, pero se sienten más identificados con el sexo opuesto. Para adoptar las características por las que se sienten más atraídos, suelen seguir tratamientos que consisten en una operación para cambiar de sexo de forma fisiológica. También suelen consumir hormonas que permitan que su cuerpo se vaya transformando fisiológicamente en el del sexo opuesto.

( ) **Transgénero:** Este término suele confundirse con la definición de "transexualidad" ya que, en cierto modo, son un tanto parecidos. En ambos casos la persona no se identifica con el género biológico que posee desde que nace y más bien siente un fuerte deseo por poseer el sexo contrario. Es decir, no desea ser identificado por sí mismo(a) ni por la sociedad con el género que tiene fisiológicamente. La diferencia entre este término y el anterior es que la personas transgénero no necesariamente desean o se hacen una operación quirúrgica o consumen un tratamiento hormonal para modificar su apariencia física de forma biológica. Su arreglo personal sí es como el del sexo opuesto, pero no "modifican" las características físicas de su cuerpo. En otras palabras, los transgénero adoptan un rol social del sexo opuesto, pero no realizan cambios fisiológicos en su cuerpo.

( ) **Asexualidad:** Este término se refiera a las personas que no sienten ningún tipo de atracción sexual por ninguno de los dos sexos. Por la misma razón, carecen de una vida sexual (en términos físicos y de contacto con otra persona). Se considera que estas personas carecen de orientación sexual, aunque pueden tener relaciones de pareja, pero sin sentir atracción sexual y/o tener sexo.

( ) **Androginia:** Es un término utilizado para referirse a hombres y mujeres que poseen la apariencia física de un hombre y una mujer. A simple vista no podrías definir del todo si es del sexo masculino o femenino. Su corte de pelo, vestimenta, facciones, etc. podrían ser masculinos o femeninos. Esta puede llegar a ser una identidad elegida en la que la persona no desea resaltar características de un sexo o el otro e intencionalmente busca parecer ambas. La orientación sexual de estas personas puede variar.

( ) **Pansexualidad:** Esta identidad sexual se refiere a las personas que no se sienten atraídas sexualmente por un género o sexualidad específica. Es decir, pueden entablar una relación sexual, emocional y románticamente con cualquier persona sin importar su orientación sexual, apariencia física, etc. El fundamento de esto es que lo que importa es la personalidad y no la apariencia o las características físicas.

( ) **Antrosexualidad:** Son las personas que desconocen su orientación sexual, pero, al mismo tiempo, se sienten atraídas por cualquier persona. Podría confundirse con la "pansexualidad" pero la gran diferencia es que las personas pansexuales saben que se sienten atraídos por todo tipo de sexualidad. En este caso, no se está seguro de ello.

E. Opciones de Prácticas Sexuales

Las opciones para prácticas sexuales son innumerables y todas tienen uno o varios nombres de acuerdo al diccionario de la sexología. A continuación, se muestran algunas de ellas, *es tu responsabilidad escoger cual de estas practicas sexuales es viable para ti y tu pareja.*

( ) **Abasiofilia:** Excitación ante parejas cojas.

( ) **Acomoclitismo:** Excitación por los genitales depilados.

( ) **Acrofilia:** Excitación con parejas muy altas.

( ) **Acrotomofilia:** Excitación ante miembros amputados.

( ) **Actirastia:** Excitación por la exposición a los rayos del sol.

( ) **Acucullofília:** Excitación sexual por los penes circuncidados.

( ) **Agonophilia:** Excitación al simular una lucha con la pareja.

( ) **Agorafilia**: Excitación por la actividad sexual o el exhibicionismo en lugares públicos.

( ) **Agrexofilia**: Excitación producida por el hecho de que la actividad sexual sea oída por otras personas.

( ) **Albutofilia**: Excitación pensando en baños y duchas calientes.

( ) **Algofilia:** Excitación producida por el dolor (diferenciado del masoquismo por la ausencia de componente erótico).

( ) **Alorgasmia**: Excitación al fantasear durante el acto sexual con otra persona que no sea la pareja.

( ) **Alveofilia**: Excitación por tener relaciones sexuales en una bañera.

( ) **Alvinolagnia**: Excitación sexual sólo por los estómagos

( ) **Amaestramiento:** Excitación al entrenar a una compañera sumisa para que sea obediente.

( ) **Amaurofilia:** Excitación con una pareja sexual ciega o a la que se le han vendado los ojos.

( ) **Amelotasis:** Excitación con personas a la que les falta algún miembro.

( ) **Amiquesis:** Excitación sexual al rascar a la pareja durante el acto sexual.

( ) **Amokoscisia:** Excitación por el deseo de castigar a la pareja sexual.

( ) **Amomaxia:** Excitación con una relación sexual dentro de un automóvil estacionado.

( ) **Analismo:** Excitación al acariciar el ano o practicar coito anal.

( ) **Anastimafilia:** Excitación por personas con sobrepeso.

( ) **Androginofilia:** Excitación por personas andróginas, de aspecto masculino o femenino poco diferenciado.

( ) **Androidismo:** Excitación con muñecos o robots con aspecto humano.

( ) **Andromimetofilia:** Excitación sólo por las mujeres vestidas de hombres.

( ) **Anisonogamia:** Excitación por una pareja sexual mucho más joven o mucho mayor.

( ) **Anofelorastia:** Excitación al profanar objetos considerados sagrados.

( ) **Antolagnia:** Excitación por oler flores.

( ) **Apotemnofilia:** Excitación por la idea de ser amputado.

( ) **Aracnofilia:** Excitación sexual con arañas

( ) **Asfixiofilia:** Excitación por estrangulación erótica. Muy peligrosa por las muertes accidentales que produce.

( ) **Astenolagnia:** Excitación sexual por la humildad, la humillación o la debilidad sexual ajena

( ) **Audiolagnia**: Excitación tras escuchar a otros que se excitan con prácticas auto o heteroeróticas.

( ) **Autagonistofilia**: Excita la creación de situaciones donde la persona pueda ser sorprendido accidentalmente desnuda o teniendo alguna actividad sexual.

( ) **Autoabasiofilia:** Excitación al estar o volverse cojo.

( ) **Autoasasinofilia:** Excitación masoquista de ser asesinado.

( ) **Autoasesinofilia**: Excitación sexual colocándose en situaciones en las que podrían acabar muertas.

( ) **Autoasfixiofilia:** Practica de la asfixiofilia durante la masturbación.

( ) **Automisofilia:** Excitación al ser ensuciado.

( ) **Autonepiofilia**: Excitación por el uso de pañales y ser tratado como un bebé.

( ) **Autopederastia**: Excitación relacionada con encontrar placer introduciendo el pene en su propio ano unicamente.

( ) **Autoungulafilia**: Excitación rascándose sus propios genitales.

( ) **Avisodomía:** Excitación sexual con aves.

( ) **Axilismo:** Practica del coito dentro de la axila de la pareja.

( ) "**Balloning**": Excitación sexual que se obtiene sólo al ver mujeres hinchando globos, explotándolos, montándolos, estirándolos y jugando con ellos.

( ) **Barosmia**: Excitación por el olfato.

( ) **Basoexia**: Excitación sólo producida por los besos.

( ) **Bastinado**: Excitación propinando bastonazos en la planta de los pies de la pareja.

( ) **Belonefilia**: Excitación con el uso de pinchos y agujas.

( ) **Biastofilia**: Excitación asaltando a alguien contra su voluntad.

( ) **Blastolagnia**: Persona atraída por mujeres muy jóvenes.

( ) **Bukkake**: Excitación sexual sólo cuando le eyaculan encima.

( ) **Candaulismo**: Excitación viendo a la pareja copulando con otra persona

( ) **Capnolagnia o Capnogalia**: Excitación sexual producida por ver la manera en que la otra persona fuma.

( ) **Cateterofilia**: Excitación sexual con el uso de algún tipo de catéter.

( ) **Chezolagnia**: Sólo logra excitarse al masturbarse durante la defecación.

( ) **Cinofilia**: Excitación al tener relaciones sexuales con perros.

( ) **Ciprieunia:** Excitación sólo con prostitutas.

( ) **Clastomanía:** Excitación al arrancar y despedazar la ropa interior de la pareja.

( ) **Clismafilia:** Excitación al inyectar líquido en la cavidad anal.

( ) **Coitolalia:** Excitación producida al hablar durante el acto sexual.

( ) **Consuerofilia:** Excitación sexual al coserse zonas de la piel con aguja e hilo.

( ) **Coprofagia:** Excitación al comer heces.

( ) **Coprofemia o coprolalia:** Excitación al decir obscenidades en público.

( ) **Coprofilia:** Excitación observando cómo defeca otra persona o untándose excremento sobre el cuerpo.

( ) **Corefalismo:** Excitación sexual sólo practicando sexo anal con niñas.

( ) **Coreofilia:** Excitación a través del baile erótico.

( ) **Cratolagnia:** Excitación provocada por la fuerza de la pareja.

( ) **Crematistofilia:** Excitación producida al pagar por sexo.

( ) **Criptoscopofilia:** Excitación al contemplar a otras personas en la cotidianeidad de su hogar.

( ) **Cronofilia:** Excitación de personas jóvenes al relacionarse con personas de más edad de ambos sexos.

( ) **Crurofilia:** Excitación al ver y tocar las piernas.

( ) **Cyesolagnia:** Excitación sexual con mujeres embarazadas.

( ) **Dacryfilia o dacrilagnia:** Excitación sexual por ver lágrimas en los ojos de la pareja.

( ) **Dendrofilia:** Excitación al frotarse contra los árboles.

( ) **Dipoldismo:** Excitarse propinando golpes en las nalgas a niños.

( ) **Disciplina:** Excitación al ser obligados a hacer cosas humillantes.

( ) **"Dogging":** Excitación sexual al ser observados practicando sexo en un lugar público, o bien mirar a otros mientras lo hacen. Suele hacerse en vehículos y estacionamientos.

( ) **Dorafilia:** Excitación sexual al tocar pieles animales, sintéticas o de cualquier otro tipo

( ) **Dysmorfofilia:** Excitación sexual hacia personas deformadas (mastectomizadas, jorobadas, etc..).

( ) **Ecdemolagnia:** Excitación proveniente de viajar o estar lejos del hogar.

( ) **Ecdiosis:** La excitación sólo se produce al desnudarse ante desconocidos.

( ) **Efebofilia**: Excitación de una persona madura hacia un adolescente varón.

( ) **Electrofilia**: Excitación al usar suaves choques eléctricos durante la práctica sexual.

( ) **Elefilia**: Excitación por determinados tejidos.

( ) **Emetofilia**: Excitación al vomitar.

( ) **Enditofilia (endytophilia o enditolagnia)**: Excitación sexual sólo se produce al ver a la pareja vestida.

( ) **Epiguanofilia**: excitación sexual al ser sodomizado por iguanas epilépticas.

( ) **Erotofonofilia**: Excitación al realizar llamadas telefónicas utilizando lenguaje erótico

( ) **Erotolalia**: Excitación al hablar de sexo.

( ) **Escarificaciones**: Excitación al marcar la piel objetos cortantes.

( ) **Escopofilia**: Excitación al mirar abiertamente a otras personas en el acto sexual (no subrepticiamente como en el voyeurismo).

( ) **Espectrofilia**: Excitación producida por la imagen en el espejo.

( ) **Estigmatofilia**: Excitación ante tatuajes, agujeros o cicatrices en la piel.

( ) **Exhibicionismo**: Excitación mostrando abiertamente algún comportamiento sexual en público.

( ) **Exofilia**: Excitación sexual ante lo inusual o bizarro.

( ) **Falofilia**: Excitación ante penes grandes.

( ) **Fetichismo travestista**: Excitación al vestir ropas de mujer.

( ) **Fisting**: práctica sexual consistente en la introducción parcial o total de la mano en el ano o la vagina de la pareja.

( ) **Flatofilia**: Excitación ante el olor de los gases intestinales.

( ) **Formicofilia**: Excitación con insectos o animales caminando sobre los genitales.

( ) **Fratrilagnia**: Excitación con las relaciones sexuales incestuosas.

( ) **Froteurismo**: Excitación al frotar los genitales contra el cuerpo de otra persona.

( ) **"Furtling"**: Excitarse metiendo un dedo a través de un agujero cortado en la zona genital de una foto o dibujo.

( ) **Gerontofilia**: Excitación de jóvenes por un hombre de edad mucho mayor.

( ) **Gimnofilia o nudomanía**: Excitación por la desnudez.

( ) **Ginemimetofilia**: Excitación ante un hombre travestido.

( ) **Gomfipotismo**: Excitación provocada por los dientes.

( ) **Grafolagnia**: Excitación ante fotos o cuadros eróticos.

( ) **Graofilia**: Excitación de jóvenes por mujeres maduras.

( ) **Gregomulcia**: Excitación por ser manoseado por una persona desconocida en una multitud.

( ) **Harpaxofilia**: Experimentar placer al ser robado

( ) **Hebefilia:** Atracción por niñas púberes.

( ) **Hematofilia:** Excitación ante el derramamiento de sangre.

( ) **Hemotigolagnia**: Excitación sexual por los tampones usados.

( ) **Hibristofilia:** Excitación sexual al fantasear con tener relaciones con un violador.

( ) **Hierofilia**: Excitación ante las cruces.

( ) **Hifefilia**: Excitación sexual por posesión de algún objeto ajeno, ropa, cabellos, piel, etc.

( ) **Higrofilia**: Excitación ante cualquier fluido corporal.

( ) **Hipnofilia**: Excitación al contemplar personas dormidas.

( ) **Hirsutofilia**: Excitación ante personas velludas.

( ) **Homiliofilia**: Excitación sexual producida por predicar una religión a una persona sencilla y fácil de convencer de cualquier cosa.

( ) **Ignimasmanía**: Excitación al excitar a un hombre para incitarlo a la masturbación.

( ) **Ipsofilia**: Excitación sólo por uno mismo. No es lo mismo que masturbación donde el objeto sexual puede ser una persona presente una fotografía o una fantasía.

( ) **Jactitafilia**: Excitación por el relato de las propias hazañas sexuales.

( ) **Keraunofilia**: Excitación por los rayos y truenos.

( ) **Knismolagnia**: Excitación cuando la otra persona hace cosquillas.

( ) **Knisofilia**: Excitación al oler incienso.

( ) **Lactafilia**: Excitación por los pechos que amamantan.

( ) **Latronudia**: Excitación por desnudarse ante el médico, fingiendo una dolencia.

( ) **Lectolagnia**: La única excitación proviene de la lectura de textos de contenido erótico.

( ) **Lygofilia**: Excitación sexual al estar en lugares oscuros o lúgubres.

( ) **Macrofilia**: Excitación sexual por personas grandes o rollizas.

( ) **Maieusiofilia:** Excitación o atracción por mujeres embarazadas.

( ) **Matronolagnia**: Excitación sexual provocada sólo por mujeres mucho más mayores.

( ) **Masoquismo**: Excitación por la propia humillación o sufrimiento físico (latigazos, pellizcos, patadas) o moral (humillación). Se diferencia de la algomanía por la presencia del componente erótico.

( ) **Melolagnia**: Excitación con la música.

( ) **Menofilia**: Excitación por todo aquello que tiene que ver con el tema de la menstruación femenina.

( ) **Merintofilia**: Excitación sexual provocada por estar atado.

( ) **Microfilia**: Excitación o atracción sexual por las personas pequeñas o enanas.

( ) **Microgenitalismo**: Excitación por los penes pequeños.

( ) **Misofilia**: Atracción sexual por la ropa sucia.

( ) **Morfofilia**: Excitación ante personas con ciertas características físicas (sólo rubios, sólo gordas, etc.)

( ) **Moriafilia**: Excitación provocada por chistes sexuales.

( ) **Nafefilia**: Excitación por tocar o ser tocado.

( ) **Narratofilia**: Excitación sexual sólo al escuchar narraciones eróticas.

( ) **Nasofilia**: Excitación ante una nariz de gran tamaño.

( ) **Necrofilia:** Excitación sólo con cadáveres.

( ) **Nepirastia**: Excitación proveniente de tener alzado a un bebé.

( ) **Ninfofilia**: Atracción sexual de un adulto por una adolescente.

( ) **Nosolagnia**: Excitación ante parejas con enfermedades terminales.

( ) **Oclofilia**: Excitación producida al estar ante una multitud de personas reunidas.

( ) **Odaxelagnia**: Excitación al morder o ser mordido por la pareja.

( ) **Odofilia**: Excitación sexual producida por los viajes.

( ) **Ofidiofilia**: Excitación frente a reptiles.

( ) **Olfactofilia**: Excitación por el olor de la transpiración, especialmente de los genitales.

( ) **Omolagnia:** Excitación provocada por la desnudez.

( ) **Ozolagnia**: Excitación sexual por olores fuertes.

( ) **Partenofilia:** Excitación por las vírgenes.

( ) **Pediofilia**: Excitación por las muñecas.

( ) **Pedofilia**: Excitación por los menores.

( ) **Picacismo**: Excitación sexual introduciendo alimentos en cavidades corporales para que la pareja los recupere con la boca.

( ) **Pigmalionismo**: Excitación por estatuas o maniquíes desnudos.

( ) **Pigofilia**: Excitación por el contacto con las nalgas.

( ) **Pigotripsis**: Excitación por rozar o masajear las nalgas.

( ) **Podofilia o podolatria**: Excitación por pies humanos, es uno de los fetichismos mas comunes en los varones, la exitacion de cariciar, besar, chupar, lamer, oler, tocar y/o ver los pies de otra persona

( ) **Polyiterofilia**: Parafilia de las personas que necesitan tener una serie de parejas sexuales consecutivas antes de conseguir el orgasmo.

( ) **Psicrofilia**: Excitación debida al frío o a ver a personas con frío.

( ) **Pubefilia**: Excitación producida al contemplar vello pubiano.

( ) **Pungofilia:** Excitación al ser pinchado.

( ) **Quinunolagnia**: Excitación sexual en situaciones de peligro.

( ) **Rabdofilia:** Excitación al ser flagelado.

( ) **Renifleurismo:** Excitación ante el olor de la orina.

( ) **Retifismo**: Excitación sexual por los zapatos.

( ) **Sadismo**: Excitación al provocar dolor físico o humillación en la pareja.

( ) **Salirofilia**: Excitación al ingerir la saliva de la pareja.

( ) **Saliromania**: Excitación al ensuciar o dañar la ropa de la pareja.

( ) **Sitofilia**: Excitación con el uso de alimentos con propósitos sexuales (pepinos para masturbarse, por ejemplo).

( ) **Somnofilia**: Acariciar y realizar sexo oral a una persona dormida hasta despertarla.

( ) **Sudorofilia**: Excitación sexual o atracción por el sudor de la pareja.

( ) **Tafefilia**: Excitación proveniente de ser enterrado vivo.

( ) **Thlipsosis o zlipsosis**: Excitación proveniente de los pellizcos.

( ) **Toucherismo**: Excitación o atracción al tocar personas desconocidas.

( ) **Triolismo**: Excitación al observar a la propia pareja teniendo relaciones con una tercera persona.

( ) **Tripsofilia o tripsolagnia**: Excitación por ser masajeado o por hacerse lavar el cabello.

( ) **Urofilia (urolagnia, ondinismo):** Excitación con el uso de la orina durante en la práctica sexual o uso del sondaje en la uretra.

( ) **Vampirismo**: Excitación sexual proveniente de la extracción de sangre.

( ) **Voyeurismo**: Excitación al observar sin ser visto el acto sexual de otras personas.

( ) **Xenofilia:** Excitación ante personas de distintos países.

( ) **Zoofilia (bestialismo):** Excitación solamente con animales.

F. Opciones de Fantasías Sexuales

A continuación, un listado de opciones en fantasías sexuales comunes. Es tu responsabilidad evaluar sin juzgar, pero sobre todo ser honesto contigo mismo y dialogarlo con tu pareja. ¿Como te sientes al leer sobre fantasias sexuales? ¿Avergonzado? ¿Curioso? ¿Interesado?

Mujeres

( ) Tener relaciones con alguien que no sea su pareja (con un extraño, con un ídolo o con una ex pareja)

( ) Experimentar cosas que no se atrevería en la vida real (como sexo rudo, un trío, observar a otros)

( ) Sexo romántico (como si estuviera actuando en una película)

( ) Convertirse en una prostituta

( ) Tener contacto íntimo en algún medio de transporte o en algún lugar prohibido (aviones, trenes, elevadores)

Hombres

( ) Tener sexo con una o varias mujeres a la vez (tríos u orgías)

( ) Que su pareja se masturbe frente a ellos

( ) Ser sometido por su pareja y cumplir sus deseos carnales

( ) Practicar el *voyeurismo* (ver el acto sexual de su pareja con alguien más sin participar)

( ) Grabarse con su pareja durante el coito

G. Opciones en Tipos de Sexo

A continuación, diversas opciones en formas como llevar a cabo la actividad sexual. Es importante reconocer cual es la intención al llevar a cabo tu actividad sexual. Nuevamente son opciones, *es tu responsabilidad evaluar la opción o combinación de opciones que resuenan con tu esencia y tus valores morales.*

( ) **Sexo Karezza:** Se trata de tener relaciones de una forma cariñosa y suave privilegiando el placer por sobre el clímax. Esta forma de sexo requiere la inversion de tiempo, para poder disfrutar de cada una de las sensaciones y estimulos. Sonrisas, contacto visual, sincronización de la respiración, masaje mutuo en los genitales, emision de sonidos de satisfacción o placer (pero no palabras), abrazos, escuchar los latidos del corazón de tu pareja y sentir el flujo energetico...

( ) **Sexo Quickie:** Consiste de sexo sin preparativos, espontaneo y con la ropa semi puesta. Para las parejas más clásicas, las distintas habitaciones de la casa, el auto o el baño de un bar. Si son más arriesgados, las posibilidades aumentan: el ascensor, las escaleras o los pasillos del edificio, la última fila del cine y, el mejor de todos, un probador de ropa. Discreción por sobre todas las cosas: acá no valen los jadeos, los gemidos o los gritos. Disfruta en silencio, es parte del encanto.

( ) **Sexo Acuático:** Consiste de disfrutar del acto sexual en el agua. El baño es un complemento ideal en la pareja. Puede ser de inmersión o en la ducha. El agua es un conductor de electricidad, definitivamente la energía llevara a niveles extraordinarios.

( ) **Sexo Outdoor:** Consiste en salir de nuestras cuatro paredes y tener sexo al aire libre. Es muy placentero y relajante, tanto de día como de noche.

( ) **Role Playing:** Consiste de cambiar los roles. Es muy divertido, básicamente es jugar a ser otros. La idea es transformarse en médicos, electricistas, cowboys, maestros, policías, strippers...

( ) **Sexo Gourmet:** Añadir alimentos al encuentro sexual. Existe una diversidad de alimentos afrodisiacos que estimulan la respuesta sexual. De la mesa a la cama... o convertir la cama en mesa... o la mesa en cama.

( ) **Sexing o Fitness Erótico:** Consiste en reconocer los beneficios caloricos del acto sexual y capitalizar en la actividad sexual para la quema de calorias. Besar quema de 120 a 135 calorías por hora (2 a 5 calorías por minuto), lo que significa que si besás durante 20 minutos todos los días en un año habrás quemado 36.500 calorías y habrás perdido 5 kilos. El juego previo te ayuda a gastar 25 calorías, por lo tanto, cuanto más lo prolongues mayor será el gasto calórico. Durante el acto sexual se queman de 50 a 100 calorías en promedio. En cada orgasmo eliminamos entre 60 y 100 calorías.

( ) **Sexo Voyeur:** Consiste en encontrar la satisfacción o el placer sexual observando la intimidad de los otros. Una opción son videos que muestran escenas sexuales. Estos sirven como estimuladores del deseo o como modelo de aprendizaje y de evaluación de la propia sexualidad.

( ) **Sexo Exhibicionista:** Consiste en mostrarnos con la intención (o la fantasía) de que alguien nos vea.

( ) **Sexo Tántrico:** Con la práctica del tantra se busca disfrutar con todo el cuerpo, disfrutar con cada poro, con cada caricia. Cuanto menos, mejor: los seguidores del tantra recomiendan hacer el amor una sola vez al mes para acumular energía sexual. Los encuentros son sin sexo genital y sin eyaculación. La base está en los preparativos, el poder de la mirada, las caricias, los masajes y en el control de la respiración. Y, por último, un largo y profundo orgasmo, que no es el final de la fiesta sino el principio de la celebración.

H. Opciones en Teorías sobre Sexualidad

Muchas personas se sorprenden al escuchar sobre el concepto de inteligencia sexual y que existen opciones para desarrollar esta destreza, pero mas sorprendidos al conocer que una de las opciones mas completas para educación sobre sexualidad proviene de las enseñanzas del Papa Juan Pablo II.

( ) **Teología del Cuerpo:** título conjunto de una serie de 129 enseñanzas ofrecidas por el Papa Juan Pablo II durante sus audiencias de los miércoles entre septiembre de 1979 y noviembre de 1984. Fueron las principales enseñanzas de su pontificado. Sus textos completos fueron más tarde compilados y publicados como una única obra: *La Teología del Cuerpo: El Amor Humano en el Plan Divino* o bien *Varón y mujer*. El punto de partida es la creación: el ser humano ha sido plasmado como hombre y mujer. A partir de esa reflexión se llega a una visión integral que permite una respuesta adecuada al problema del matrimonio y de la procreación. Por tanto, se trata de establecer lo que Juan Pablo II llama una "antropología integral" o mejor una teología del cuerpo.

Estas 129 catequesis estan dividas en 6 ciclos, estos son:

1. El principio: Origen y forma original del hombre y mujer

2. La redención del corazon: La extencion del adulterio, el cuerpo es visto como objeto de placer

3. La resurrecion de la carne: En la resurrección del cuerpo el hombre verá a Dios, esto es simplemente la vocación que le damos a nuestro don, el cuerpo.

4. La virginidad cristiana: La continencia, respetar el don, el cuerpo y hacer un matrimonio con este mismo. Darle valor al cuerpo y respetarlo.

5. El matrimonio cristiano: El matrimono debe ser entendido como un plan originario por Dios, pero tambien llevarlo a su grandeza siendo este el sacramento primordial.

6. Amor y fecundidad: El acto conyugal no es solamente amor. Es fecundar. Privar el cuerpo de su verdad, de su virtud procreadora es privarlo del amor.

( ) **Tantra:** Es una filosofía, un sistema espiritual y una forma de arte, así como un modo de vida. Se relaciona con el hinduismo, el buddismo y el tao chino. Es una doctrina muy difícil de definir, pero al experimentarla logras convertirte uno con el universo y alcanzas la iluminación espiritual. El tantra consiste en ponenos en contacto con el cosmos invisible al movilizar la energía que llevamos dentro llamada kundalini o prana.

El tantra consiste en mover la energía a través, adentro y afuera de los centros energéticos, alinear la energía con la pareja, y por lo tanto intercambiar energías entre ambos, ya sea al tener relaciones sexuales, abrazarse o con solo sentarse junto al otro. *En el sexo tántrico se busca conservar y concentrar las energías sexuales para alcanzar niveles mas altos de energía.*

Principios Básicos del Tantra

1. Rituales: Los rituales tántricos ofrecen formalidad y respeto a un momento sagrado y especial, desarrollando la consciencia de que es un aspecto central de tu vida pues tiene el potencial para curar y transformarte.

2. Meditación: Estado activo en el que buscas y controlas cambios en tu cuerpo y emociones. Todo tiene que ver con la concentración. Cuando meditas, enfocas toda tu atención y te centras en una sola cosa. Es la puerta a sentir a consciencia. La idea detrás de la meditación es concentrarte para sentir, conocer y memorizar.

3. Respiración: Sentir la sensación del aire que entra a tus pulmones, la sensación de inhalar y exhalar. Sentir el ritmo y la armonía de tu respiración.

4. Mantras: Es una palabra, frase o colección de sílabas que pueden significar algo para ti, o bien, meros sonidos. Los mantras se dicen de forma lenta, deliberada y repetitiva.

5. Visualización: Enfocarse en una imagen, concentrarse y conectarse con la imagen.

6. Posturas: Movimientos con la capacidad de vigorizar y relajar. Cuando se hacen en pareja, se puede alcanzar completa armonía, pues cada uno sigue y refleja los movimientos del otro.

7. Movimiento: La danza, el baile y los movimientos son esenciales en la practica del tantra. El sexo mismo es una danza íntima entre dos personas, y les permite mezclarse con la danza cósmica.

8. Tacto: Es parte vital de la búsqueda de la iluminación y de una vida sexual placentera. El tacto estimula, comunica y colecta información relacionada a la sexualidad.

9. Masaje: El masaje es parte importante en la excitación previa y al acto anterior y posterior al orgasmo. El masaje sirve para relajar y cargar de energía a la pareja. Tocar el cuerpo de tu pareja te conecta en niveles físicos, emocionales y espirituales.

I. Lista de opciones con relación a disfunciones sexuales

Las disfunciones sexuales son problemas en el funcionamiento erótico de las personas que usualmente impiden el desarrollo de una sexualidad plena, el desarrollo de vinculos eróticos satisfactorios en las parejas, deterioran la autoimagen y la autoestima de las personas.

( ) **Síndrome de deseo sexual hipoactivo**: se caracteriza por una disminución o desaparición del deseo sexual. No se siente repulsión por la actividad sexual, simplemente no se presenta el antojo natural.

( ) **Disfunción erectil masculina (impotencia)**: Incapacidad persistente o recurrente, para obtener o mantener una erección apropiada hasta el final de la actividad sexual. Puede ser de origen psicologicos o somaticos.

( ) **Síndrome de anorgasmia femenina**: Ausencia de orgasmos. Es de vital importancia que la mujer tenga el conocimiento y el compromiso de que su orgasmo es responsabilidad de si misma no es algo que la pareja le tiene que proporcionar. Es importante que ella lo busque y que no este esperando que la pareja se lo brinde. En muchas relaciones sexuales se crean resentimientos en contra de la pareja, pero no se lo comunican y prefieren inventar cualquier pretexto para evitar el encuentro sexual.

( ) **Síndrome de eyaculación precoz**: Una primera definición limita la aplicación de ese término a la situación en la que la eyaculación sobreviene habitualmente antes de la introducción del pene en el introito vaginal, o inmediatamente después. Otros incluyen las eyaculaciones que se producen en los 30 ó 60 segundos a la introducción, y el que supere estos límites estaría en la normalidad. Se puede definir como aquella condición en que el hombre llega a la eyaculación "antes de lo que él quisiera".

( ) **Síndrome de Vaginismo**: El vaginismo es un síndrome que se caracteriza por la contractura involuntaria, de manera recurrente o persistente, de los músculos perineales del tercio externo de la vagina en el momento que se intenta la penetración, el introito vaginal se cierra literalmente de golpe, hasta el punto en que es imposible el acto sexual, la contractura puede ser desde ligera (produciendo rigidez y malestar) hasta intensa (impidiendo la penetración).

En algunas mujeres sólo la idea de la penetración vaginal puede producir un espasmo muscular; por lo que en ocasiones las pacientes con vaginismo suelen ser también fóbicas al coito y a la penetración en la vagina (tampones, dedos). Esta evitación fóbica hace que los intentos del coito sean desagradables y dolorosos. De ahí que el vaginismo sea una causa de matrimonios no consumados incluso después de muchos años y de infertilidad.

( )   **Síndrome de evitación sexual y transtorno por angustia sexual (fobia sexual):** El punto central es esta disfunción es la evitación activa del contacto sexual con la pareja y la aparición de una reacción que puede ir desde una ansiedad moderada y una ausencia de placer hasta un malestar psicológico extremo ante la posibilidad de un encuentro erótico. Estos síndromes se han designado de distintas formas: evitación fóbica, aversión sexual y fobia sexual. Se define como un malestar extremo, persistente o recurrente y la evitación de todos, o casi todos, los contactos sexuales genitales con la pareja sexual.

( )   **Trastorno de la excitación en la mujer:** Incapacidad para obtener o mantener la respuesta de lubricación.

( )   **Eyaculación Retardada:** Retraso en la respuesta de eyaculación.

( )   **Anorgasmia:** Incapacidad de llegar a la fase de orgasmo, tras la fase de excitación.

( )   **Dispareunia:** Dolor en los genitales durante o inmediatamente después de la actividad sexual.

Parte V

Practicando Inteligencia Sexual

A. Alimentación Inteligente

La alimentación es sumamente importante en el desarrollo de inteligencia sexual. Como recordamos uno de los propósitos de nuestra sexualidad es alcanzar niveles de energía más altos y expandir nuestro campo energético.

En términos de sexualidad, escoger correctamente los alimentos es fundamental para garantizar la buena salud del cuerpo y del espíritu. Para comer de forma inteligente, hay que conocer las propiedades de lo que ingerimos y en que ocasiones debemos hacerlo.

La alimentación no es tanto lo que ingerimos como lo que se digiere. Una alimentación sana y equilibrada crea individuos saludables y generosos, mientras que la desnutrición o la sobrealimentación produce seres negativos. Por lo tanto, una alimentación inteligente sirve no solamente para preservar la salud del cuerpo sino también la del espíritu, ya que ambos forman un todo integrado e indivisible.

Según la forma que escojamos de alimentarnos, así será la energía que generemos en nuestro interior.

Principios para una alimentación inteligente

La forma de comer occidental es demasiada pesada; se ingieren alimentos y bebidas que adormecen los sentidos, el cerebro y el campo energético.

Las personas sexualmente inteligentes se alimentan de forma ligera y rica en energía, incluyendo alimentos "sattvicos" o puros, que incluyen toda clase de frutas, cereales, legumbres, verduras y lacteos.

1. No consumir alimentos artificiales que contengan colorantes o conservantes. El cuerpo utiliza energía para limpiarse y detoxificarse. Es un gasto energético innecesario.

2. Evitar los alimentos refinados como la harina, el arroz y el azúcar blancos; en su lugar se consumirán integrales. El cuerpo gasta energía al digerir esos alimentos y no recibe ningún valor nutricional a cambio. Es un gasto energético innecasario.

3. Los alimentos ideales son los propios de cada zona y estación. Al comer alimentos que estan en su estación y lugar de cosecha recibes más valor nutricional del alimento.

4. Los alimentos deben masticarse minuciosamente al menos 40 veces para que puedan ser digeridos con facilidad. Mientras mas pequeños los trozos de alimentos mas fácil de digerir y absorber, por tanto, menos energía se utilizará al digerir. Estas ahorrando energía.

5. Comer solo cuando se tiene hambre, de lo contrario saturaremos nuestro organismo con alimentos que no puede asimilar. Cada vez que ingieries un alimento el cuerpo invierte energía en el proceso de digestion,

menos ingesta de alimentos mas eficiente somos con nuestra energía.

6. No se debe comer antes de ir a dormir. Mientras mas livianos vamos a dormir, mas energía tiene el cuerpo para su restauración y sanación interna.

7. El ambiente en el que se come es muy importante, por lo que la atmosfera debe ser serena y agradable. Comer ambiente saludable y calmado ofrece buena vibra a nuestro cuerpo y nos ahorra la energía de tener que protegernos del bombardeo constante de frequencias negativas.

8. Desayuna como un rey, almuerza como un príncipe y cena como un mendigo. Este principio va acorde al reloj biologico recomendado en la Medicina Tradicional China. Por la noche es mejor comer poco para no sobrecargar el sistema digestivo y que el organismo pueda dedicarse a otras funciones.

9. Bebe abundante agua alcalina, ionizada y alta en anti-oxidantes durante el día; de 2 a 3 litros.

10. Limpiate los dientes y la lengua despues de cada comida.

11. Haz un ayuno un día a la semana, esto elimina las toxinas y despeja la mente.

12. Come meditativamente: dedica toda tu atención al acto placentero de comer y se agradecido.

Opciones de Alimentos Puros y llenos de energía:

Evalua tus opciones y disfruta consumirlas. Anota como te sientes al digerir estos alimentos.

( ) Miel _____

( ) Cereales _____

( ) Verduras _____

( ) Frutas _____

( ) Zumos _____

( ) Leche de soja _____

( ) Nueces _____

( ) Almendras _____

( ) Uvas pasas _____

( ) Pan integral _____

( ) Trigo _____

( ) Arroz integral _____

( ) Avena _____

( ) Cebada _____

( ) Maiz _____

( ) Semillas _____

( ) Perejil _____

( ) Té con Plantas medicinales _____

( )   Tofu _____

( )   Apio _____

( )   Yogurt _____

B. Comportamientos concretos de individuos sexualmente inteligente

Practicar una sexualidad inteligente se define como el desempeño consciente de acciones y comportamientos concretos para el disfrute de una sexualidad plena. Una persona sexualmente inteligente...

( )   Valora su propio cuerpo.

( )   Maneja saludablemente emociones asociadas a la sexualidad y temas relacionados.

( )   Conoce su propósito de vida y vive alineado a este.

( )   Conoce sus valores morales y su sexualidad esta alineada a ellos.

( )   Maneja saludablemente las memorias emocionales asociadas a la sexualidad.

( )   Maneja saludablemente apegos emocionales asociados a la sexualidad.

( )   Conoce y maneja saludablemente los detonantes asociados a la sexualidad

( )   Busca información nueva que le permita mejorar su sexualidad.

( )   No utiliza la sexualidad para manipular, controlar o imponer

( )   Sabe como comunicar y defender sus ideas sobre la sexualidad

( )   Afirma que el desarrollo del ser humano comprende el desarrollo sexual.

( )   Interactúa con ambos géneros de una manera respetuosa y adecuada.

( )   Afirma su orientación sexual y respeta la orientación sexual de los demás.

( )   Expresa su amor e intimidad en forma apropiada.

( )   Establece y mantiene relaciones significativas.

( )   Evita toda relación basada en la explotación.

( )   Toma decisiones con conocimiento de causa respecto a opciones de practicas y fantasias sexuales.

( )   Muestra destrezas de comunicación e inteligencia emocional que mejoran las relaciones personales.

( )   Es responsable de sus propios actos.

( )   Practica la toma de decisiones eficaz.

( )   Se comunica de manera eficaz con su familia, sus compañeros y su pareja.

( )   Disfruta y expresa su sexualidad durante el transcurso de su vida.

( )   Expresa su sexualidad de manera congruente con sus propios valores.

( )   Es capaz de reconocer los comportamientos sexuales que realzan la vida y los que son perjudiciales para sí mismo o para los demás.

( )   Expresa su sexualidad a la vez que respeta los derechos de los demás.

( )   Utiliza métodos anticonceptivos de manera eficaz a fin de evitar embarazos no deseados.

( )   Evita el abuso sexual.

( )   Busca atención prenatal oportuna.

( )   Evita contraer o transmitir infecciones de transmisión sexual, ente otras el VIH.

( )   Practica comportamientos que promueven la salud, tales como evaluaciones médicas regulares, autoexámenes de los testículos o de los senos, e identificación oportuna de posibles problemas.

( )   Muestra tolerancia hacia personas con diferentes valores y modos de vida sexuales.

( )   Ejerce sus responsabilidades democráticas a objeto de tener influencia en la legislación relativa a los asuntos sexuales.

( )   Evalúa la repercusión de los mensajes familiares, culturales, religiosos, de los medios de comunicación y de la sociedad en los pensamientos, sentimientos, valores y comportamientos personales relacionados con la sexualidad.

( )   Promueve los derechos de todas las personas a tener acceso a información fidedigna acerca de la sexualidad.

( )   Evita los comportamientos que con llevan prejuicio e intolerancia.

( )   Rechaza los estereotipos respecto de la sexualidad de las diversas poblaciones.

Parte VI

Asumiendo la responsabilidad asociada a Inteligencia Sexual

Los indiviuos sexualmente inteligentes tienen la responsabilidad social con la comunidad y el mundo.

A continuación, algunas opciones que puedes llevar a cabo para cumplir con tu responsabilidad social.

(   ) *Compromiso social*: Promover la salud sexual e inteligencia sexual en foros políticos y sociales.

(   ) *Políticas públicas*: Colaborar con el desarrollo de politicas públicas que comprenden instrucciones claras y precisas destinadas a la protección y promoción de la salud sexual como derecho humano fundamental.

(   ) *Legislación*. Para la promoción de la salud sexual es indispensable que haya leyes vigentes destinadas a proteger los derechos sexuales.

(   ) *Educación*. Un elemento necesario de una sociedad sexualmente sana es el acceso universal a la educación sexual integral acorde con la edad, a todo lo largo de la vida. Compartir el conocimiento y experiencia de una forma profesional y responsable.

( )   *Investigación.* Apoyar las investigaciones adecuadas
y concretas destinadas a abordar las inquietudes
clínicas, educativas y de salud pública. Esto abarca la
investigación relativa a las inquietudes emergentes (por
ej., nuevas infecciones) y la vigilancia para estimar la
extensión y tendencias de condiciones que afectan la
salud y que pueden ser prevenidas.

( )   *Cultura.* Promover una cultura de apertura hacia la salud
sexual. Proveer información de calidad y professional
sobre las inquietudes relativas a la salud sexual a los
medios de difusion de informacion publica.

Parte VII

Ejercicios

Ejercicio # 1: Determina tu Nivel de Inteligencia Sexual: (Bolinches)

1. ¿Te sientes libre y muestras disposición para tomar la iniciativa sexual?

2. ¿Hablas libremente con tu pareja sobre sexualidad?

3. ¿Te sientes utilizado/a sexualmente a menudo?

4. ¿Consideras que la mayoría de los contactos sexuales, sean de una noche o con tu pareja de toda la vida, resultan gratificantes para ambos?

5. ¿Mantienes contactos sexuales con la frecuencia que desearías?

6. ¿Crees que tu pareja es demasiado egoísta y solo busca su placer?

7. ¿Después de alcanzar el orgasmo tienes deseo de permanecer al lado de tu pareja?

8. ¿Consideras que tus relaciones son demasiado monótonas o rutinarias?

9. ¿Cuando tienes pensamientos sexuales o practicas la masturbación, te sientes culpable?

10. ¿Consideras que los rituales sexuales que practicas son los que deseas?

11. ¿Aceptas determinadas iniciativas de tu pareja, pero después crees que está demasiado liberada?

12. ¿Piensas que la mayoría de la gente tiene una sexualidad más gratificante y plena que la tuya?

Resultados:

Preguntas 1, 2, 4, 5, 7 y 10, cada SÍ suma un punto.

Preguntas 3, 6, 8, 9, 11 y 12, cada NO suma un punto.

Nivel de Inteligencia Sexual:

0-2 puntos: Deficiente

3-4 puntos: Insuficiente

5-7 puntos: Aceptable

8-10 puntos: Alto

11-12 untos: Excelente

Ejercicio # 2: ¿Porqué tenemos sexo?

Selecciona la razón o razones por las que tienes sexo o tenido actividad sexual. (OMS, 2007)

( ) Su aspecto físico me encandiló

( ) Su cuerpo era deseable

( ) Por puro placer

( ) Alcanzar un orgasmo

( ) Tener una aventura excitante

( ) Era una persona muy atractiva

( ) Es divertido

( ) Me hace sentir bien

( ) Estaba excitado y quería descargar

( ) No me pude resistir a sus encantos

( ) Mejorar mis habilidades sexuales

( ) Es excitante

( ) Tener nuevas aventuras

( ) Le/a vi desnudo/a y no me pude aguantar

( ) Por tener una experiencia

( ) La oportunidad se presentó por sí misma

(   )   Practicar nuevas técnicas y posturas

(   )   Experimentar puro placer

(   )   Hacía mucho que no practicaba sexo

(   )   La conversación iba de sexo

(   )   Olía bien

(   )   Tenía unos ojos preciosos

(   )   Todos le deseaban

(   )   Me deseaba

(   )   Mis hormonas estaban fuera de control

(   )   Vestía ropa excitante

(   )   Soy un adicto al sexo

(   )   Vivir la vida al máximo

(   )   Pensé que podía ser bueno para relajarme

(   )   Poner a prueba mis habilidades sexuales

(   )   Conseguir un favor especial

(   )   Besaba como los ángeles

(   )   Me acarició

(   )   Me hizo sentir sexy

( ) Para descargar tensión

( ) Bailaba genial

( ) Estaba disponible

( ) Tenía curiosidad sexual

( ) Necesitaba desestresarme

( ) Me gustó la otra persona

( ) Me pareció digno de confianza

( ) Para aliviar tensión sexual

( ) Para realizar una fantasía

( ) Satisfacer una compulsión

( ) Tenía un gran sentido del humor

( ) Simplemente sucedió

( ) Por la "calentura" del momento

( ) Agradar a mi pareja

( ) Era más fácil llegar hasta el final

( ) Presumir sobre mi experiencia sexual

( ) Estaba borracho

( ) Aumentar el número de parejas sexuales

( )   Para entusiasmarme con algo

( )   Necesitaba aliviar el dolor de testículos

( )   Era una persona misteriosa

( )   Para celebrar algo

( )   Creí que era bueno para mi salud

( )   Me pareció un buen ejercicio

( )   Para mí ha llegado a ser un hábito

( )   Por conquistar a alguien

( )   Estaba aburrido/a

( )   Para perder mis inhibiciones

( )   La persona me halagó

( )   Estaba drogado/a

( )   Para contarle algo a mis amigos

( )   Estaba cansado de ser virgen

( )   Para evitar una agresión

( )   Para dominar a la otra persona

( )   Fui seducido/a

( )   Obtener un aumento de sueldo

( ) Conseguir un trabajo

( ) Promocionarme

( ) Para castigarme

( ) Me ofrecieron dinero por hacerlo

( ) Para acceder a un amigo de esa persona

( ) Para hacer daño al enemigo

( ) Para quitarme el dolor de cabeza

( ) Tomarme la revancha

( ) Conseguir el favor de alguien

( ) Sembrar la discordia en otra pareja

( ) Por una apuesta

( ) Me ofrecieron drogas por hacerlo

( ) Con el propósito de humillar al otro

( ) Para provocar una crisis en mi relación

( ) Quería ser popular

( ) La otra persona tenía mucho dinero

( ) Estaba celoso

( ) Para hacer dinero

( )   No he tenido sexo en los últimos tiempos

( )   Potenciar mi estatus personal

( )   Tenía que hacer un favor

( )   Podía dañar mi reputación si decía que no

( )   Me gusta ser usado o denigrado

( )   Para librarme de hacer algo

( )   Aliviar el dolor menstrual

( )   Mejorar mi reputación

( )   Impresionar a mis amigos

( )   Cambiar el tema de conversación

( )   Conseguir regalos

( )   Sentir a Dios

( )   Para ajustar cuentas con alguien

( )   Pensé que decirle que no podría herirle

( )   Provocar celos

( )   Para finalizar mi relación

( )   Me desafiaron a hacerlo

( )   Es que me regalaron una joya preciosa…

( ) Mis amigos me presionaron para hacerlo

( ) Para que otro también se sintiera celoso

( ) Para jactarme de conquistador

( ) Quería tener más sexo que mis amigos

( ) Mantenerme caliente

( ) Para conciliar el sueño

( ) Para tener un hijo

( ) Me invitó a una cena carísima

( ) Para quemar calorías

( ) Por el hecho de reproducirme

( ) Evitar herir los sentimientos de alguien

( ) Desafiar a mi familia

( ) Necesitaba otra "muesca en mi revólver"

( ) Para reafirmar mi orientación sexual

( ) Devolver un favor

( ) Ser aceptado por mis amigos

( ) Alguien más estaba haciendo el amor

( ) Me obliga la condición marital

( )   Me di cuenta de que estaba enamorado

( )   Para mostrar mi afecto

( )   Expresarle mi amor a otra persona

( )   Llegar a ser uno con mi amante

( )   Sentirme conectado/a a mi pareja

( )   Celebrar un aniversario o un cumpleaños

( )   Intensificar mi relación

( )   Buscaba un encuentro romántico

( )   Darle la bienvenida a alguien

( )   Para pedir perdón

( )   Quería devolver la pasión a mi relación

( )   Decir adiós

( )   Para dar las gracias

( )   Levantar el ánimo de mi pareja

( )   Era una ocasión especial

( )   Era solo un escalón más en la relación

( )   Era inteligente

( )   Deseaba intimidad y cercanía

( ) Mantener satisfecha a mi pareja

( ) Mejorar su autoestima

( ) Suavizar después de una pelea

( ) Buscaba una experiencia espiritual

( ) Me sentía inseguro

( ) Era mi deber

( ) Me sentí obligado a ello

( ) No supe decir que no

( ) No quería desagradar a la otra persona

( ) No quería perder a mi pareja

( ) Me sentí bastante presionado a hacerlo

( ) Quería que me quisieran

( ) Me coaccionaron

( ) Para estimular mi autoestima

( ) Necesitaba que mi pareja me hiciera caso

( ) Sólo por ser encantador

( ) Para sentirme atractivo

( ) Quería hacer feliz a mi pareja

( ) Era lo que se esperaba de mí

( ) Para quitarme un complejo de culpa

( ) Quería sentirme amado/a

( ) Creía que se lo debía a la otra persona

( ) Necesitaba sentirme poderoso

( ) Me sentía solo/a

( ) Para evitar que mi pareja estuviera distante

( ) Solo para sentirme bien

( ) Para percibir algo de cariño

( ) Quería que mi pareja estuviera conmigo

( ) Fue muy insistente

( ) Mejorar el concepto sobre mí mismo/a

( ) Pensé que así le/la atraparía

( ) Le forcé físicamente a hacerlo

( ) Para poseerle/la

( ) Me pidió que le hiciera el amor

( ) Quería que mi pareja se sintiera poderosa

( ) Para disculparme

( )   Me sentía rebelde

( )   Por hacer algo

( )   Porque mi pareja se quejaba

( )   Para someter a la otra persona

( )   Necesitaba sentirme mayor

( )   Para que nuestra relación no se acabara

( )   Quería mostrar sumisión

( )   Necesitaba más atención

( )   Forma parte de la rutina de la relación

( )   No pude controlarme

( )   Quería tomar el control de la otra persona

( )   Para sentirme femenina

( )   Buscaba olvidar todo lo que me presiona

( )   Para sentirme joven

( )   Porque se lo había prometido

( )   Para sentir alineamiento energético

Ejercicio # 3: Sentir la energía en las manos

Una de las técnicas que aprendí durante mi clase de "Qigong" fue sentir energía entre mis manos. Qigong es una terapia medicinal de origen chino basada en el control de respiración. La magnitud de tu energía es señal de buena salud, significa que la energía no está bloqueada y es suficientemente abundante en el cuerpo para poder funcional óptimamente. Es importante desarrollar la destreza de sentir tu propia energía para poder sentir la energía de tu pareja.

1. Ponte de pie con los pies separados a la distancia de los hombros.

2. Los pies planos con el peso distribuido en toda la zona de las dos plantas de tus pies.

3. Dobla ligeramente las rodillas, reduce la curvatura de tu zona lumbar echando ligeramente la pelvis hacia delante, relaja los hombros, estira la espalda, mete ligeramente el mentón hacia dentro, cierra la boca, aprieta ligeramente la punta de la lengua contra el paladar blando, cierra los ojos.

4. Relájate dejando colgar los brazos a los lados del cuerpo

5. Limpia la mente de pensamientos.

6. Respira profundamente hacia el bajo vientre y observa el movimiento del abdomen.

7. Cuando la energía comienza a acumularse en las manos, empezarás a sentir una sensación de calor y cosquilleo.

8. A los pocos minutos eleva lentamente las manos por delante de ti, con las palmas mirando hacia dentro, hasta que estén separadas a una distancia de unos 30cm. Al inspirar, junta más las manos, pero sin que se toquen, y al espirar vuelve a alejarlas. Deja todo tipo de fuerza o tensión muscular, entre más relajado estés, mejor circulará la energía.

9. Siente la fuerza magnética o calor entre las manos hasta que sientas una "bola" de energía acumulada entre tus manos, luego juega con la energía hasta que logres desarrollar una relación con ella.

Ejercicio # 4: Explorar tu propio cuerpo

Luego de sentir la energía entre tus manos y antes de comenzar a explorar tu propio cuerpo es importante llevar a cabo una evaluación de tus emociones. ¿Qué sentiste al sentir tu propia energía? ¿Estás listo para excitar las moléculas de tu cuerpo?

El explorar tu cuerpo tiene como propósito el descubrir las zonas que hacen que las moléculas de tu cuerpo respondan de una forma placentera, o sea, vibrando.

Suena sencillo, pero el explorar tu propio cuerpo es uno de los retos mas grandes que puedes enfrentar en este caminar, requiere disciplina y confianza en ti mismo.

- Permite que tus manos recorran tu cuerpo desnudo de la cabeza a los pies

- Date permiso a sentir.

- No omitas ninguna de las partes, recuerda eres un ser completo y sagrado.

- Presta atención a las respuestas físicas y minimiza las respuestas morales causadas por creencias limitantes con relación al cuerpo humano.

- Varia la velocidad, presión e intensidad durante el proceso e identifica que combinación te causa más excitación.

- Luego, experimenta con diversas intensidades del tacto para descubrir que sientes. Recuerda, el propósito es sentir…date permiso a sentir.

- Una vez que has encontrado lo que te proporciona placer, descubre como complacerte al máximo. Concentrate en aquellas areas que te electrizan y toma tu tiempo para disfrutar.

- Excitate por completo hasta que llegues al orgasmo, y luego continua acariciandote.

- Si quieres valida esas sensaciones varias veces, disfruta el proceso de descubrir, explorar, y conocer tu propio cuerpo.

Ejercicio # 5: Sincronizar la respiración con tu pareja

Durante mi curso de masaje tántrico con mi mentor *Guillermo Ferrara*, aprendí que la clave para una sexualidad plena y placentera está en la respiración. Nuestra sociedad está llena de prisas y de ansias, no tomamos el tiempo para respirar largo y profundo. Nuestras respiraciones son cortas y rápidas, limitando la cantidad de oxígeno, pero sobretodo limitando nuestra conección con esa persona especial.

Respirar es vida y **sincronizar nuestra respiración con el otro implica sincronizar nuestras vidas.**

Este sencillo ejercicio hará de la experiencia algo mucho más relajado, divertido y placentero.

1. Crea un circuito de respiración: **mientras uno exhala, el otro inhala su respiración.** Acto seguido el otro exhala y al uno le toca inhalar ahora la respiración de la pareja. Como ves es muy básico. Se trata de que ambos inhalen la respiración del otro para impregnarse lentamente de su ser, de su vida.

Ejercicio # 6: Sentir la energía de tu pareja con tus manos

Mientras vas conectándote con tu pareja através de la respiración, también podrás sentir la energía con tus manos. Los sensores localizados en nuestras manos son nuestra puerta a sentir, pero tenemos que concentrar nuestra atención e intención. Durante mis años practicando medicina de energía confirmé que la clave para sentir es estar 100% presente en el momento y darme permiso a sentir. Te invito a darte permiso a sentir.

* Haz que tu pareja se recueste cómodamente boca abajo en una mesa de masaje o en la cama.

* Mantén las manos a unos cuantos centímetros por encima del cuerpo de tu pareja, y muévelas lentamente desde el cuello hasta la parte baja de la espalda.

* Deja que su cuerpo te de indicaciones y trata de fijarte si puedes sentir alguna diferencia de temperatura, tensión etc, sobre el lugar donde están los centros energéticos.

Lo que se siente cuando se están imponiendo las manos es muy personal y especial. Con el tiempo y la práctica de desarrolla más experiencia, y las manos se vuelven más sensibles. ¡No te desesperes!!!!

Ejercicio # 7: Explorar el cuerpo de tu pareja

La intención de explorar el cuerpo de tu pareja es descubrir y aprender a conectarnos con esa persona de manera especial para poder ser uno. Toma en consideracion el tiempo y eliminando interrupciones.

- Prepara el espacio físico: Escoje el lugar de tu encuentro ya sea el dormitorio o un espacio seguro y cómodo, considera elementos como la luz, aromas, música, almohadas y colchones.

- Prepárate mental, física, emocional y energéticamente

  Explorar el cuerpo de tu pareja es una experiencia energética. Por lo tanto, es importante que lleves la mayor cantidad de energía al encuentro. Evalua tus niveles energéticos. ¿Estas listo para dar lo mejor de tí durante el encuentro? ¿Estas preparado mental, emocional y físicamente?

Proceso (Sugerido): No hay una secuencia especifíca.

- Respiren juntos y sincronizado.

- Coloca tu mano en el pecho de tu pareja para sentir el ritmo de la respiración.

- Comienza a deslizar tus manos por el cuerpo de tu pareja de una forma suave y ritmicamente. Mientras mas lento mas estimulos recibiras atraves de los sensores en tu piel, y mas estimulos tu pareja va a experimentar. No importa el orden como vayas explorando el cuerpo de tu pareja, lo importante es poder disfrutar el proceso de descubrir y explorar cada área.

- Hablen durante el antes, durante y después del encuentro de las emociones y sensaciones.

- No hay tiempo establecido

- No hay una meta establecida

- No hay una forma de evaluación

El propósito de esta experiencia es descubrir, explorar y disfrutar el cuerpo de tu pareja, y a su vez, descubrir, explorar y disfrutar las respuestas de tu propio cuerpo. ¡Éxito!!!!

Conclusión

Inteligencia Sexual es la habilidad de ver la sexualidad como un don sagrado, sano y muy normal donde dos cuerpos se alinean en una sola frecuencia energética para el disfrute del ser.

Como hemos visto, no existe una definición absoluta al concepto de una sexualidad saludable. Es nuestra responsabilidad personal definir el concepto basado en lo que sentimos y lo que deseamos sentir.

Las emociones juegan un papel primordial es el proceso de definir nuestro propio concepto de sexualidad saludable. ¿Qué emociones se detonan al pensar, hablar y actuar con relación a nuestra sexualidad? Y, sobre todo, ¿como manejamos las emociones detonadas por la sexualidad?

Te invito a descubrir, aprender, practicar y "master" tu propia definición de una sexualidad saludable, y ese caminar te llevará a desarrollar Inteligencia Sexual.

Exito!!!! – Dr. W

Bonus: 112 Meditaciones Tántricas

En 2004, tuve la oportunidad de descubrir el concepto de Tantra. Decidí aprender teóricamente sobre el arte milenario de hacer el amor. Recuerdo que invertí muchas horas en el estudio del tema y la evaluación de las fuentes de la información antes de decidirme en participar de un curso en vivo. En 2011, tuve la gran bendición de conocer a Guillermo Ferrara durante uno de sus cursos en Miami. Recuerdo, mi conversación con él y como ese dialogo despertó la sed de conocimiento. En ese momento, re-afirmé mi compromiso con mi desarrollo personal y profesional en el área de Inteligencia Sexual y Tantra. Unos años más tarde completé mi maestría en Sexualidad Tántrica y recibí mi Diploma Internacional como Instructor en Leyes de Energía avalado por la Escuela Internacional de Yoga Biotántrica y la Escuela de Iluminación.

Hoy, estoy comprometida con la educación en el área de inteligencia emocional holística e Inteligencia Sexual. Entiendo que nuestra sociedad carece del conocimiento y las herramientas para el disfrute de una sexualidad saludable y considero que el Tantra es el camino a seguir. Te invito a descubrir, aprender, practicar y "master" el arte milenario de hacer el amor y disfrutar la energía a niveles nunca antes imaginados. It's all about energy – Dr. W

112 Meditaciones Tántricas

Tantra se define como "técnica", por tanto estas 112 meditaciones Vigyan Bhairav Tantra se consideran las técnicas para alcanzar la plenitud. A continuación la versión compartida en www.Oshogulaab.com. La interpretación de estas técnicas es la base de la práctica del Tantra. Te invito a leerlas con detenimiento para poder entender la esencia del mensaje que encierran.

Cuenta la historia hindú, que un día, Shakti, la esposa del dios Shiva le preguntó:

¿Por que medios se puede discernir el estado de plenitud, ese estado inexpresable, fuera del espacio y del tiempo?

¿En qué sentido se afirma que la suprema Diosa es la apertura que permite acceder a él?

¿Puedes responder con el lenguaje convencional a estas cuestiones absolutas?

El dios Shiva (consciencia) respondió con estas 112 meditaciones a las preguntas de su consorte Devi o Shakti (energía).

PLENITUD INTERIOR Y ABSORCIÓN EN LA ENERGÍA DEL ALIENTO.
A. EL ALIENTO

1. Expiración, hacia arriba; inspiración, hacia abajo: sobre la suprema Energía compuesta de estos dos polos, se debe ejercer un empuje ascendente. Estando mantenido en su lugar de origen cada aliento, la plenitud se establece entre dos respiraciones.

2. Espacio vacío interior (Bhairava, pausa a pulmones llenos, Plenitud, la Consciencia), espacio vacío exterior (Bhairavi, pausa a pulmones vacíos, Vacío, la Energía): sobre esta pareja que forman los dos alientos, hay que ejercitarse sin interrupción. De esta manera, oh Bhairavi, la maravillosa

belleza de la Consciencia y de la Energía se desvela.

3. Si la energía, en forma de aliento, no puede ni entrar ni salir; libre entonces de toda dualidad, ella se expande en medio. Por mediación suya, se accede a la Esencia Bhairaviana.

4. Que uno se entregue a la pausa del aliento tras la expiración o bien tras la inspiración. Al final de esta práctica, la energía se dice que esta «sosegada» (quietud sicosomática) y, gracias a ella, un estado de Ser sosegado se revela (la serenidad del Ser).

B. LA KUNDALINI. LOS CHAKRAS.

5. Considera la Shakti (La Energía) como una viva luminosidad, cada vez más sutil, llevada de centro en centro, de abajo hacia arriba, por la energía del aliento, a través del tallo de la flor de loto. Cuando esa energía se sosiega en el centro superior, entonces ocurre el despertar de la Consciencia.

6. Como un relámpago, de chakra en chakra, poco a poco, hela aquí que surge hasta la cumbre de la cabeza: ¡y ahí ocurre el gran Despertar!.

7. Imagina las letras sánscritas en esos focos de consciencia, primero como letras, luego más sutilmente como sonidos, a continuación como el sentimiento más sutil. Entonces déjalas de lado y se libre. Aquel que se ha liberado gradualmente de las tres condiciones: grosera, sutil y suprema, al fin se identifica con Shiva (La Consciencia).

8 Concentra la atención en el entrecejo, mantén tu mente libre de todo pensamiento dualizante, deja que tu forma sea llenada con la energía del aliento hasta la cumbre de la cabeza y, allí, báñate en la espacialidad luminosa.

ENTRADA EN EL VACIO INCOMPARABLE DE LA
CONSCIENCIA.
A - MEDITACIONES LUMINOSAS.

9. Imagina los cinco círculos coloreados de una pluma de
pavo real, como si fueran los cinco sentidos diseminados
en el espacio ilimitado y manténte en la espacialidad (en la
vacuidad) de tu propio corazón (de tu centro, del centro del
ser).
10. Vacío, pared, receptáculo supremo (la pura Consciencia),
cualquiera que sea el objeto de contemplación, él es la matriz
de la espacialidad (vacuidad) de tu propio espíritu.
11. La atención fijada en el interior del cráneo, los ojos
cerrados, ve el espacio entero como si fuera absorbido por
tu propia cabeza, estabilizando el pensamiento, poco a poco
la espacialidad (la vacuidad) de tu espíritu, lo Altamente
Reconocible, lo Absoluto, será reconocido.
12. En el centro se yergue el canal central. Que se medite
sobre él bajo la forma de esta Diosa semejante al tallo del
loto, idéntica a la bóveda celeste interiorizada en la cavidad
y la vacuidad del corazón: entonces el Dios resplandecerá.
13. Utilizando la mano, se deben bloquear las aberturas
de los sentidos. En cuanto se percuta el entrecejo, el punto
luminoso que se haya percibido se desvanecerá poco a poco:
entonces, en esa desaparición, he aquí la suprema morada.
14. Esta llama sutil, nacida de la efervescencia (los fosfenos
producidos al presionar los ojos), semejante a la marca roja
del iniciado (tilak), es necesario visualizarla en el corazón
y en la cumbre de la cabeza: finalmente al desaparecer
esa efervescencia, uno se absorberá en la Consciencia
resplandeciente.

B - MEDITACIONES SONORAS.

15. Consigue el Brahman supremo aquél que se sumerge en el sonido absoluto, puramente interno, situado en el receptáculo de la oreja; sonido ininterrumpido, tumultuoso como un río.

16. Si se canta OM o cualquier otra fórmula sagrada con presencia y lentitud; que se evoque el vacío que sigue al largo sonido final: por la potencia eminente de ese vacío, oh Bhairavi, uno se abismará en la Vacuidad.

17. Es en el comienzo o en el final de cualquier sonido, donde hay que centrarse. Llegado a ser vacío por virtud del vacío, el hombre tomará forma de vacío.

18. Si, indiferente a cualquier otra cosa, se siguen atentamente los prolongados sonidos de instrumentos de cuerdas, o de otros instrumentos, al final de cada sonido (en el silencio en el que se reabsorbe el sonido), el esplendor infinito del firmamento se desplegará.

19. Visualiza una letra, déjate llenar por su luminosidad. La consciencia abierta, entra en la sonoridad de la letra, después en una sensación cada vez más sutil, un sonido cada vez menos audible. Cuando el sonido de la letra se disuelva en el espacio, ahonda en esta armonía silenciosa; sé libre.

C - MEDITACIONES SOBRE EL CUERPO

20. Que se evoque el espacio vacío e ilimitado en su propio cuerpo y en todas las direcciones a la vez: entonces, para un ser libre de dualidad mental, todo se vuelve espacio vacío e ilimitado.

21. Que se evoque al mismo tiempo el vacío (la presencia etérea) por encima y el vacío (la presencia etérea) por debajo. Perdiendo la energía sus ataduras con el cuerpo, el pensamiento quedará vacío.

22. Se debe evocar simultáneamente y sin flaquear el vacío

de la cumbre, el vacío de la base y el vacío del corazón. En el desvanecimiento de todo pensamiento dualizador, entonces aparecerá la Consciencia no dual.

23. Que se evoque, justo por un instante, lo ilimitadamente espacioso en un punto cualquiera del cuerpo: ¡ahí está la Vacuidad misma! Libre de toda distinción mental, se recobra la Esencia no dual.

24. Toda la substancia que forma el cuerpo, hay que evocarla intensamente como impregnada de éter (sin límites, sin resistencias, homogéneo, omnipresente, consciente, vacuo), y al fin, oh Diosa con ojos de gacela, esa evocación se volverá permanente.

25. Se debe meditar sobre el propio cuerpo como si no contuviera nada en el interior (como una habitación vacía), no siendo la piel mas que una pared. Así se pasará más allá de lo meditable.

ABSORCION SOSEGADA EN LA INTIMIDAD DEL CORAZÓN.

26. ¡Oh bienaventurada! Los sentidos absorbidos en la paz incorruptible del corazón, habiendo despejado todo objeto de su consciencia, él obtiene el más alto favor, el que penetra hasta el centro (el chakra del corazón).

27. Que se disuelvan todos los procesos mentales en el centro superior de la cabeza, que se consolide bien la intuición intelectual, que se impregne el cuerpo entero de consciencia: entonces, sin duda, el signo característico de la Realidad se impondrá.

28. Fija tu espíritu en el centro superior de la cabeza en cualquier situación en la que te encuentres, así la agitación desaparecerá y en algunos días conocerás lo indescriptible.

29. Concéntrate en el fuego que se extiende desde el pié. Así, por una concentración intensa, se debe visualizar el propio cuerpo que, consumido por el fuego, se reduce a cenizas

(pero tu identidad no). Al final se encontrará la serenidad.

30. O también; cuando haya meditado en la imaginación sobre el universo entero como si estuviera siendo consumido por las llamas, el hombre cuya mente permanece indiferente a todo lo demás, llegará a la más alta condición humana.

31. Si se efectúa la meditación sobre los principios sutiles y sobre los principios muy sutiles contenidos en su propio cuerpo, o bien sobre los del universo, como si se reabsorbieran los unos en los otros; al final la suprema Diosa se revelará.

32. Aquel que medite sobre la energía del aliento, fluida, plena y a la vez lenta y muy suave, en la cumbre del cerebro, y que, en el momento de dormirse, penetre en su propio corazón, obtendrá por este medio el libre poder sobre sus sueños y sobre la muerte misma.

33. Que se considere el universo entero como si se disolviese en formas cada vez más sutiles (los mundos fluyen en principios, los principios en el Ser) hasta su fusión de pura Consciencia.

34. Si se medita sobre la realidad Shivaita según el método de los seis caminos (remontando de las formas a las esencias); y esto englobando ahí totalmente el universo entero, entonces surgirá el gran Despertar.

35. Hay que concentrarse intensamente sobre todo este universo como si estuviera vacío. Entonces, oh suprema Diosa, con el pensamiento disuelto, se llegará a ser maestro en esta absorción.

36. Que se ponga la mirada limpia y sin pensamiento sobre un cántaro, una vasija, o cualquier otro recipiente, pero sin prestar la menor atención a sus paredes. Si se consigue absorberse en ese vacío, en ese instante preciso, uno se identificara con él.

37. Que se ponga una mirada global, sin pensamiento, en un lugar interminablemente espacioso (un horizonte vacío), sin árboles, sin montañas, sin paredes ni obstáculos (un desierto, un océano...): entonces el pensamiento se reabsorberá y uno

se volverá libre de toda actividad fluctuante.

EL CENTRO Y EL DESPERTAR MÁS ALTO.

38. Al percibir dos objetos, se toma consciencia del intervalo que los separa; hay que instalarse ahí sin tambalearse. Que a continuación se rechacen los dos objetos simultáneamente: entonces, en esa grieta, la Realidad brilla.

39. Cuando la consciencia acaba de abandonar un objeto, se debe bloquearla sin dejar que se oriente hacia otra cosa. Así, gracias a ese vacío intermedio, la Realización se expande en toda su intensidad.

40. En verdad, que se contemple perfectamente, de manera simultánea en su totalidad, bien sea el universo exterior, bien sea el propio cuerpo, como si estuvieran hechos de Consciencia. Entonces, ya ninguna dualidad subsistiendo, surgirá el Despertar supremo.

41. El yogui debe de ejercitarse en fijar la atención en el vacío de esos puntos en los que no hay ni entrada ni salida de aire, en el interior (al final de la inspiración) y en el exterior (al final de la expiración). Así se convertirá finalmente en el recipiente del que surge el Conocimiento de una armonía completa (el Conocedor).

BEATITUDES.

42. Hay que considerar, bien sea el universo entero, bien sea el cuerpo individual, simultáneamente en su totalidad, como desbordante de su propia felicidad. Entonces, degustando este néctar intimo, uno se identificará a la Beatitud Absoluta.

43. En presencia de un espectáculo de magia, oh Diosa con ojos de gacela, una gran alegría surge súbitamente. Gracias a ella, la Realidad se desvela.

44. Cuando la potencia del aliento se eleva, todo el conjunto de las diversas actividades se derrumba: poco a poco, en el

momento en el que un hormigueo es sentido, la suprema voluptuosidad se propaga.

45. En el intervalo entre el «fuego» (comienzo del acto sexual) y el «veneno» (final del acto sexual), que se fije la Consciencia que no es otra cosa que gozo. Entonces la Consciencia se aísla, se colma de aliento, y se une a la beatitud del amor.

46. Al final de la unión, en el instante en el que acaba la absorción en la intensa energía de la mujer, es el Gozo de la Realidad de Brahman lo que se está disfrutando: y es eso lo que se llama precisamente «gozo intimo».

47. Incluso en ausencia de una pareja, el flujo de felicidad puede producirse si se rememora intensamente la alegría y el gozo que nos han dado sus caricias, sus besos, sus abrazos (haciendo el delicado y difícil recorrido de retorno desde el gozo sensorial al gozo del Ser).

48. O también, al volver a ver a alguien de la familia después de una larga separación, ¡que inmensa alegría! Que se contemple esta felicidad que acaba de surgir, que uno se absorba en ella, que el pensamiento se identifique con ella.

49. En esa expansión de alegría que procuran el alimento y la bebida, hay que entregarse sin reserva a la plenitud experimentada (la plenitud en sí, separada del objeto): así se accederá a una felicidad perfecta.

50. Si el yogui se funde en esa felicidad sin rival que suscitan los cantos y otros placeres estéticos, su pensamiento muy tranquilizado, todo mezclado a ese disfrute, él se identificara con la felicidad misma.

51. Ahí donde la psique encuentra su satisfacción (y queda aquietada), ahí mismo (en esa quietud y en esa satisfacción) se debe quedar fijada sin dudas: porque es ahí donde la esencia de la suprema beatitud se revela sin restricción.

52. Cuando el sueño no se ha impuesto todavía, y, sin embargo, el mundo exterior desaparece, en ese estado, la incomparable Diosa aparece.

MUDRAS,GESTOS,POSTURASYDESVANECIMIENTO
DEL SOPORTE.

53. Cuando bajo la luz del sol, de una lampara o de otra
fuente luminosa, una porción de espacio aparece salpicado
de manchas, que se fije la mirada ahí: y la esencia intima del
Absoluto resplandecerá.
54. La posición del Cadáver, La Furiosa, la Bhairaviana,
la Absorbedora, la Moviente en el espacio: por estas cinco
posiciones-actitudes, el universo será captado intuitivamente,
la suprema fusión en el Todo será revelada.
55. Que uno se instale en un asiento muy blando, solo
reposando sobre las nalgas, sin soporte para los pies ni las
manos: así la Consciencia despierta surge y se expande en
plenitud.
56. Confortablemente instalado en un asiento, los brazos
cruzados en el pecho y las manos en las cavidades de las
axilas. Se satura gradualmente la zona entre las axilas de
una gran paz. El pensamiento se concentra: así recogido,
sobreviene el apaciguamiento.
57. Si se mira fijamente, sin parpadear, cualquier objeto físico
como si fuese por primera vez, privando al pensamiento de
todo apoyo (de toda asociación mental), pronto se alcanza el
estado de Shiva.
58. La boca muy abierta, manteniendo la lengua en el centro,
si se fija la consciencia en ese centro recitando mentalmente
el sonido HA, uno se disolverá en la paz.
59. Estando sentado o acostado, que se imagine
intensamente el propio cuerpo como si estuviera privado
de soporte (ingrávido). El pensamiento se desvanece en
ese mismo instante; las predisposiciones, potencialidades,
impregnaciones oscuras y las tendencias subconscientes no
tardarán de la misma manera en desvanecerse.
60. O bien; si uno se encuentra en un vehículo en movimiento

muy rápido, o en movimiento oscilante, o si no, moviendo el cuerpo con una lentitud extrema, entonces, oh Diosa, gracias al apaciguamiento del pensamiento, se accede al Océano Divino.

EL INEXPRESABLE ESPLENDOR. BHAIRAVA SE INSTAURA.

61. ¡Esplendor Bhairaviano! Oh Diosa, se llegará a ese esplendor instantáneamente si, contemplando un cielo inmaculado, todo el ser inmóvil, se sumerge ahí una mirada sin flaqueo.

62. Todo ese espacio vacío del cual Bhairava constituye la esencia, hay que evocarlo como disuelto en la propia cabeza y reabsorberse en él. Entonces el universo entero será absorbido en la resplandeciente Realidad, expresión misma de Bhairava.

63. Cuando se ha reconocido plenamente la naturaleza de Bhairava (La Consciencia) en los tres estados, a saber: conocimiento dual limitado (en la vigilia), percepción exteriorizante (en el sueño), tinieblas (en el sueño profundo), se está entonces colmado de la Luz infinita de la Consciencia.

64. O también; durante una oscura noche sin luna, los ojos abiertos a las tinieblas, deja a tu ser entero fundirse en esa oscuridad y accede a la esencia bhairaviana (al estado de despertar).

65. O todavía; en primer lugar se mantienen los ojos bien cerrados, entonces se ve una mancha oscura. Que, a continuación, se abran los ojos exageradamente, evocando la forma de Bhairava: se volverá uno idéntico a ella.

66. Cuando un obstáculo hace fracasar cualquier deseo de los sentidos, o también si voluntariamente se rechaza la satisfacción del deseo; si uno se zambulle en ese vacío sin dualidad que ocurre en ese momento (en el vacío de la frustración), ahí mismo la Consciencia ultima brilla en todo

su esplendor.

67. Si se pronuncia la letra «A», de una manera muy breve, brusca, fugitiva y sutil; el Señor supremo, ese potente torrente de Conocimiento surge imprevisible.

68. Que se fije la consciencia sobre el fin súbito de cualquier sonido. Entonces, no encontrando el pensamiento ya más ningún apoyo, se entrará en contacto con el Brahman eterno.

69. Uno debe percibirse como si se difundiera en todas direcciones, lejos, cerca. Tan pronto como la consciencia haya perdido todo soporte, entonces la verdadera naturaleza de la Energía se revelará.

70. Si se golpea cualquier parte del cuerpo con un instrumento puntiagudo o de otra clase, y se mantiene la consciencia fijada en ese lugar preciso (en esa única sensación en si, como pura energía), se conocerá un impulso fulgurante hacia Bhairava (el estado supremo).

71. «La actividad mental, el intelecto, el ego, el pensamiento no existen en mí»: es necesario tener la certitud de ello. Gracias a la ausencia de pensamiento dualizante que resulta de esta certitud, se trascienden para siempre todos los pensamientos.

72. A la ilusión (Maya) se le llama «aquello que desorienta». La función de las «cinco corazas» (determinación, discriminación, apego, tiempo y espacio) es la de delimitar, y cada una de las corazas tiene otras. Pero si se considera que todo eso (Maya y las corazas determinantes) son simples atributos de lo Real, ¿porque rechazarlos? (pudiendo usar lo ilusorio como camino de retorno a lo Real).

REPLIEGE A LA FUENTE DE LA ENERGÍA DE LA VOLUNTAD Y PERFECTA OMNIPENETRACIÓN.
A. DESEO Y CONOCIMIENTO

73. Habiendo constatado la emergencia de un deseo, que se le ponga fin bruscamente. Cualquiera que sea la fuente de la

cual surgió, que allí mismo se reabsorba.

74. Antes de que la voluntad, el conocer o el deseo hayan surgido, en verdad ¿Quién soy yo? Tal es, en el orden mas profundo, la naturaleza del Yo (sin voluntad, conocimiento ni deseo). Que el pensamiento se identifique a ello, se abisme en ello.

75. Pero una vez que voluntad y conocimiento ya han aparecido, entonces se debe adherir todo el ser al surgimiento de la energía deseante y cognosciente (olvidando el objeto de deseo o de conocimiento), sin mirar a nada más: entonces, intuitivamente, el Sentido Ultimo de la Realidad será percibido.

76. Sin causa, sin soporte, embaucador por naturaleza: así es todo conocimiento relativo. En el orden de la Realidad Absoluta, este conocimiento relativo no pertenece a ningún sujeto limitado. Oh Bien amada, quien se consagra enteramente a esta meditación llega a ser Shiva.

77. Aquel que tiene como propiedad la Consciencia, reside en todos los cuerpos; en ninguna parte existe diferenciación. Todo está hecho de esta Consciencia: darse cuenta de ello, es dominar el devenir.

78. Si se consigue estabilizar la consciencia mientras se es presa del deseo, de la cólera, de la avidez, de la desorientación, del orgullo, de los celos; la inmutable Realidad que está detrás de esos estados, la tranquilidad que subyace, subsiste sola.

B - ILUSIÓN Y FELICIDAD

79. Como un espectáculo de magia, como una pintura o como un remolino; así debe uno llegar a percibir el universo, en su integridad: de esa meditación surgirá la felicidad.

80. ¡Oh Bhairavi! No residas ni en el placer ni en el sufrimiento, sino manténte constantemente en la realidad inefable y espacial que los une a ambos, en el centro inmóvil

que está entre ellos.

81. «Yo estoy en todas partes»: es dándose cuenta, de esto, como uno se desapega de su propio cuerpo. Bien sujeto en esta visión, sin preocupación por otra cosa, se obtiene la dicha.

82. La discriminación o el deseo, etc., no residen exclusivamente en mí (ser consciente), sino que se encuentran también en todas partes, en las vasijas y otros objetos inanimados. Quien se da cuenta de esto llega a ser omnipenetrante.

REALIZACIÓN DEL SI ABSOLUTO. CONOCIMIENTO DEL UNO.

83. Todos los seres que poseen un cuerpo tienen una percepción idéntica del sujeto y del objeto. Pero lo que caracteriza a los yoguis, es su atención sin defecto en la unión del sujeto y del objeto, (sin estar perdidos en las cosas).

84. Incluso en el cuerpo de otro, siente la consciencia como la tuya propia; en poco tiempo se llegará a la omnipresencia.

85. Que se retire todo soporte al pensamiento: se cesará entonces de tener una visión dualista de las cosas. ¿Cuál es entonces el estado bhairaviano, oh Diosa con ojos de gacela?: Es cuando el yo individual llega a ser el Si Absoluto.

86. «Yo soy omnisciente, omnipotente, omnipenetrante; yo soy el Señor supremo, dotado de todos los atributos de Shiva (La Consciencia)»: aquel que es consciente de tales certitudes y se afirma en ellas, se vuelve Shiva (La Consciencia) en persona.

87. Lo mismo que las olas surgen del agua, las llamas del fuego, los rayos del sol, así es a partir de mí, Bhairava, como todas las ondas de este universo surgen diferenciadas.

88. Cuando, habiendo perdido el camino, se ha corrido y dado vueltas en todos los sentidos, hasta el punto de caer por tierra extenuado; entonces, cuando la agitación ya se ha

reabsorbido, gracias al cese de la efervescencia de la energía, la condición suprema se manifiesta.

89. Si uno se encuentra privado de energía, o bien de consciencia del mundo exterior o incluso si el pensamiento se disgrega, entonces, cuando llega a su fin la efervescencia energética consecuente con esos estados, resplandece la Maravilla bhairaviana.

90. Oh Diosa, escúchame, voy a revelarte toda esta enseñanza tradicional y mística: basta con que los ojos se fijen en el espacio sin parpadear para que aparezca al momento el estado de «soledad plena», de «independencia», de «perfección», de «totalidad».

91. Habiendo taponado los oídos, y contraído los esfínteres inferiores del cuerpo, que se medite sobre la pura resonancia interior, sin consonante ni vocal, hasta penetrar en el eterno Brahman.

92. Que uno se mantenga sobre un pozo muy profundo (precipicio, valle, vasija ...), con los ojos fijos: entonces la pura intuición intelectiva (buddhi), que ninguna dualidad perturba, se produce claramente, y pronto el pensamiento se disuelve completamente.

ILUMINACIÓN SUPREMA Y NIVELACIÓN. REHABILITACIÓN DEL PENSAMIENTO Y DE LOS ORGANOS Y LIBERTAD ABSOLUTA.

93. Oh bienamada, por dondequiera que se oriente el pensamiento, hacia fuera o hacia dentro, ahí mismo se encuentra el estado shivaita: puesto que este es omnipenetrante ¿adónde podría ir el pensamiento para escapar de él?.

94. En todo momento, por intermediación de los sentidos, la Consciencia absoluta se revela. (cuando estés vívidamente consciente a través de algún sentido particular, conserva la pura consciencia). Que uno se absorba exclusivamente en ella y se descubrirá la plenitud esencial.

95. Al comienzo o al final de un estornudo, en el terror o en la ansiedad, cuando uno está suspendido sobre un precipicio, cuando uno huye de un campo de batalla, en el instante en el que una intensa curiosidad brota, cuando se despierta el apetito o que este es saciado, etc. en todas estas emociones es la naturaleza misma de lo Absoluto la que se manifiesta.

96. Volviendo a ver un lugar en el que se vivió antaño, que uno deje ir el recuerdo (etapa transitoria entre el puro Sujeto y el puro objeto) hacia tal o cual objeto. Entonces, he aquí que el cuerpo pierde todo apoyo y ahí, el Soberano Omnipresente se manifiesta.

97. Si se concentra la mirada sobre un objeto cualquiera y, a continuación, muy lentamente, se la retira de él, el conocimiento del objeto no subsiste más que en el pensamiento, si luego se retira también el pensamiento uno se vuelve el receptáculo de la plenitud inefable.

98. Esta alta intuición espiritual (buddhi) que, en el hombre perfectamente desapegado, se despierta por la intensidad de la Bhakti (devoción, amor, respeto y adoración del hombre hacia Dios), es la energía misma del Bienhechor. Que se le evoque sin descanso y uno se identificará con él, Shiva. (La entrega devocional desemboca en la liberación).

99. Mientras que se toma consciencia de un objeto determinado, todos los demás objetos se disuelven poco a poco en la vacuidad. Si se centra la atención sobre esta última, sin dejar sin embargo de percibir el objeto, se accede a la quietud.

100. Esas purificaciones rituales que predican las personas de débil conocimiento, aparece en la doctrina shivaita como una verdadera impureza: libérate del pensamiento dualizante y no reconozcas nada como puro o impuro; es liberándose de todas estas dualidades como se llegará a la dicha.

101. La realidad bhairaviana se extiende por todo igualmente, incluidas las personas comunes. «Nada existe que sea distinto a ello»: el hombre que toma consciencia de esto accede al

«Sin-segundo».

102. Se debe ser el mismo con respecto al amigo y al enemigo, el mismo en el honor y en el deshonor. Habiendo comprendido esto, que uno se establezca en la total plenitud de Brahman (Lo Absoluto) y que se sea dichoso.

103. No se debe alimentar el odio hacia nadie; aún más no se debe alimentar el apego. En este estado de en medio, en quien está libre tanto del apego como del odio, Brahman (Lo Absoluto) aparece suavemente.

104. Lo incognoscible, lo inaprensible, el vacío y aquello que no llegará nunca a la existencia: contempla todo esto; al final de esta evocación está la iluminación.

105. Se debe fijar el pensamiento sobre el espacio externo que es eterno, sin fundamento, vacío, omnipenetrante, indeterminado: así uno se fundirá en el no-espacio.

106. Cualquiera que sea el objeto en el que esté el pensamiento, es necesario, por la fuerza misma de ese pensamiento y sin demora, dejar el objeto completamente sin dejar a otro que tome su lugar. Entonces toda la agitación mental tendrá fin.

BHAIRAVA APACIGUADO EN EL CUAL LA LIBERTAD SE MANIFIESTA PLENAMENTE.

107. Bhairava es uno con tu consciencia luminosa. Bhairava es aquel que, gracias a la consciencia de si, refleja todo, da todo, y penetra el universo entero. Recitando el nombre de Bhairava (vivenciando el contenido y el estado que evoca), llegas a ser Shiva (La Consciencia).

108. «Yo soy esto o lo otro, eso es mío, yo existo...»: incluso a través de tales afirmaciones, (si se discierne quien es ese «yo») el pensamiento llega a lo sin-soporte. A esta viva meditación sucede el apaciguamiento.

109. «Eterno, Omnipresente, Sin Soporte, Omnipenetrante, Soberano de todo lo que es»: aquél que medita en cada instante sobre estas palabras actualiza el sentido último de

ellas. Se convierte en lo que ellas significan.

110. Todo este universo está tan desprovisto de realidad como un espectáculo de magia. ¿Cuál es la realidad de tal fantasmagoría? Si esta visión se implanta firmemente en si, uno se apacigua.

111. Para un Si liberado de toda forma, ¿cómo podría existir un conocimiento o actividad cualesquiera? Los objetos externos dependen del yo que es consciente de ellos y, por lo tanto, este mundo está vacío.

112. No existen ya más para mí ataduras, no existe ya más para mí la liberación. Atadura y liberación no son mas que fantasmas para personas asustadas. Como el sol se refleja en el agua, así todo este universo se refleja en el espejo de la consciencia.

... placer, dolor, etc., todas estas impresiones nos llegan por la puerta de los sentidos. Que uno se libere de esto (que se desprenda todo ello), que se estabilice sólidamente en Si-mismo: entonces se morará por siempre en el Ser.

... Todo es iluminado por la consciencia y la consciencia es iluminada por todo. Debido a su esencia única, conocimiento y conocido se revelan como siendo uno.

... pensamiento empírico, consciencia interior, energía vital, sujeto limitado: cuando estas cuatro cosas se han desvanecido definitivamente, ¡oh Bienamada!, solo subsiste la Maravilla Bhairaviana.

Acerca del Autor

Dr. Wanda Bonet-Gascot es la fundadora y directora de operaciones en DRW Life Skills Institute, un proveedor de educación a nivel global en el area de Inteligencia Emocional y escuela de "Coaching" localizada en la Incubadora de Negocios de la Universidad de Central Florida en Kissimmee, FL.

Su extensa e impresionante historial incluye: Bachillerato en Química, Maestría en Administración de Empresas, Maestría en Sexualidad Tantrica y un Doctorado en Nutrición Holística. Ella es terapista de masaje licensiada y certificada en masaje oncologico, mediador de familia certificado y administrador de projecto.

Ella colabora con la Escuela de Medicina de la Universidad de la Florida Central educando estudiantes de medicina en destrezas clinicas, comunicación y inteligencia emocional desde 2009.

Ella es la autora del libro *"¿Por qué no soy feliz?"* y el modelo de Inteligencia Emocional Holística que combina Medicina de Energía e Inteligencia Emocional reconociendo el efecto de las emociones en la salud, la productividad y las relaciones interpersonales.

La Dr. Bonet-Gascot es conocida por su compromiso con el desarrollo de Inteligencia Emocional en la sociedad y ha recibido numerosos premios y reconocimientos por su labor dentro de la comunidad de la Florida Central.

Referencias & Recursos

Anatomía sexual y reproductiva. Recuperado 07-09-2016 de https://www.plannedparenthood.org/esp/temas-de-salud/sexo-y-sexualidad/anatomia-sexual-y-reproductiva

Conrad, S. D., & Milburn, M. A. (2001). Sexual Intelligence. New York, Toronto, Sydney, Auckland: Random House.

Kuoch, D. (2010) *Massage Desk Reference*. Chicago: Acumedwest Inc.

Inteligencia Emocional, Recuperado 07-09-2016 de http://www.hacienda.go.cr/cifh/sidovih/cursos/material_de_apoyo-F-C-CIFH/2MaterialdeapoyocursosCICAP/5InteligenciaEmocional/Inteligenciaemocional.pdf

Diccionario de Sexología. Recuperado 07-09-2016 de http://www.elalmanaque.com/sexualidad/diccio/dic-a.htm

Even, D. (2008) *Medicina Energetica, Manual para conseguir el equilibrio energetico del cuerpo para una excelente salud, alegría y vitalidad*. New York: Penguin Group.

El Almanaque de la Sexualidad. Recuperado 07-09-2016 de: http://www.elalmanaque.com/sexualidad/informacion/info2.htm

Evaluación para medir la inteligencia sexual. Recuperado 07-09-2016 de: http://www.omicrono.com/2015/07/que-es-la-inteligencia-sexual/

Fantasías Sexuales. Recuperado 07-09-2016 de http://sexualidad. salud180.com/sexualidad/5-fantasias-sexuales-de-hombres-y-mujeres

Maestría en Sexualidad Tántrica. Recuperado 07-09-2016 de http://guillermoferrara.org/cursos-online/maestria-en-sexualidad-tantrica.html

Gerrard, M. y Gibbons, F. X. (1982). Sexual experience, sex guilt and sexual moral reasoning. Journal of Personality, 50, 345-359.

Hormonas Sexuales. Recuperado 07-09-2016, de http://www. saludalia.com/salud-familiar/hormonas-sexuales

Las mentiras mas comunes en el sexo. Recuperado 07-09-2016, de http://www.imujer.com/7624/las-mentiras-mas-comunes-en-el-sexo

Kübler-Ross, E. (1969). On Death and Dying. New York: Macmillan Publishing.

La educación sexual y los derechos sexuales. Recuperado 07-09-2016, de http://sexoysalud.consumer.es/educaci%C3%B3n-y-derechos/modelos-de-educaci%C3%B3n-sexual

Los campos electromagneticos humanos. Recuperado 07-09-2016, de https://cosmosociologia.org/2016/02/04/campo-em-humano/

Meston, C. M., & Buss, D. (2007). Why humans have sex. Archives of Sexual Behavior, 36, 477-507.

Modelo de Aprendizaje VAK. Recuperado 07-09-2016 de http://www.interaprendizaje.com/index.php?option=com_content &view=article&id=105&Itemid=119

Osho. (2003). *El Libro de los Secretos.* Spain: Gaia Ediciones

¿Qué es inteligencia sexual? Recuperado 07-09-2016 de http://www.omicrono.com/2015/07/que-es-la-inteligencia-sexual/

Hayman, S. (2004) *Sexo Tántrico Aprende el arte milenario de hacer el amor,* Spain: Alfaguara

Tipos de Educación. Recuperado 07-09 2016 de http://edurecblog.com/2009/05/13/tipos-de-educacion-fomal-no-formal-e-informal/

Tipos de Sexo. Recuperado 07-09-2016 de http://informe21.com/relacion-de-pareja/10-tipos-de-sexo-%C2%A1que-tienes-que-probar-alguna-vez-en-tu-vida

112 Meditaciones Tántricas. Recuperado 07-09-2016 de: http://www.oshogulaab.com/TANTRISMO/VIJNANABHAIRAVA.html

www.ingramcontent.com/pod-product-compliance
Lightning Source LLC
Chambersburg PA
CBHW020513290526
45786CB00002B/576